섹스투스 엠피리쿠스 (Σέξτος Ἐμπειρικός)
고대 그리스의 의사이자 철학자. 고대 회의주의(피론주의)
전통을 집대성했다. 그의 생애에 대해서는 알려진 바가 거의
없으나, 2세기 말에서 3세기 초에 알렉산드리아·로마·아테네
등지에서 활동했으며 로마 제국 시민이었을 것으로
추정된다. 엠피리쿠스는 피론주의 철학의 대표적 저작인
『피론주의 개요』와 『학자들에 대하여』 등을 남겨, 피론주의
사상과 논변을 오늘날까지 거의 온전하게 전해 주었다.
그의 저작은 근대 초기의 회의주의 철학자들에게 큰 영향을
미쳤으며, 경험주의와 과학적 방법론의 발전에도 중요한
초석을 제공했다.

서미석
서양 고전 전문 번역가이자 편집자. 서울대학교
서어서문학과에서 문학을 공부하고 졸업 후 종합상사에
입사해 무역·외환·홍보·번역 등 다양한 업무를 경험했다.
정말 좋아하는 일이 무엇일까 찾고 고민하다가 접어 두었던
꿈을 기억해 내고 번역가의 길로 들어섰다. 어린 시절
무척이나 좋아했던 그리스·로마 신화와 북유럽 신화를
비롯해 『아서 왕와 원탁의 기사』 『칼레발라』 『러시아
민화집』 『아이반호』 『벤허』 『로빈 후드의 모험』
『불멸의 서 77』 등을 번역했고, 20년 넘게 다양한 작품을
옮기고 섭렵하며 쌓은 헬레니즘과 헤브라이즘 지식을
더 많은 독자와 나누고 싶어, 유래 깊은 이야기에서 탄생한
영어 표현 366개를 엮어 『하루 영어교양』을 썼다.

삶의 진리는 단언하지 않는 편이 좋다

삶의 진리는 단언하지 않는 편이 좋다

고대 회의주의 철학자들의 판단 유보의 지혜

섹스투스 엠피리쿠스 지음
서미석 엮고 옮김

들어가는 말
: 판단 유보와 평정의 철학

르네상스 시대의 거장 라파엘로 산치오의 그림 「아테네 학당」에는 고대 그리스 철학자들이 저마다의 방식으로 진리를 탐구하는 모습이 담겨 있다. 중앙에는 서로 대화하는 플라톤과 아리스토텔레스, 왼쪽에는 다른 이들과 토론하고 있는 소크라테스가 보이는데, 이들과 달리 오른쪽 구석에 구부정하게 서 있는 한 인물이 있다. 당시의 지식인 사회와 거리를 둔 채 사색에 잠겨 있는 이 인물은 흔히 피론으로 추정되며, 그의 모습은 진리를 향한 맹목적 추구보다 성찰과 회의를 중시했던 그의 철학적 태도를 상징적으로 보여 준다. 화려한 논쟁보다는 사색으로 진리의 본질을 묵묵히 탐구했던 피론의 사유는 오늘날 더 새롭게 다가온다. 그의 이름에서 비롯된 피론주의는 단정 대신 판단 유보를, 아집 대신

라파엘로 산치오,「아테네 학당」(1509~1511)

평정을 가르쳐 주는 독특한 철학이기 때문이다.

전승에 따르면 피론은 기원전 4세기경 알렉산드로스 대왕의 원정에 동행했다가 인도에서 금욕주의적 삶을 살던 나체 수행자들을 만났다고 한다. 그리스인의 사유로는 쉽게 이해하기 어려운 인도 수행자들의 절제와 무심한 평정은 그에게 깊은 인상을 남겼다. 이들과의 교류를 통해 피론은 어떤 것도 확실하게 알 수 없다는 회의주의적 태도에 눈떴다. 당시 그리스 철학자들이 형이상학적 진리를 찾고자 열변을 토할 때, 피론은 오히려 '진리'라는 개념이 인간의 불안을 낳는 근원이라고 생각했다. 그는 외부 세계에 대한 모든 판단을 멈추는 에포케(epoche)를 실천했다. 에포케란 어떤 주장이나 믿음이 다른 주장보다 옳다고 단정하지 않고, 모든 판단을 유보하는 태도이다. 이렇게 논쟁의 대립에서 벗어나면 마음의 평정인 아타락시아(ataraxia)에 도달할 수 있다고 보았다. 지식과 진리에 대한 확신이 오히려 인간의 고통을 불러일으킨다는 그의 믿음은 당시 독단주의에 빠져 있던 그리스 철학계에 신선한 충격을 던졌다.

피론의 삶과 사유는 후대에 다양한 전설로 전해진다. 그는 시장에서 평범한 사람들처럼 살아가는가 하면, 때로는 아무렇지 않게 위험을 무릅쓰며 일상의 자질구레한 불행조차 담담히 받아들였다고 한다. 피론 자신은 특별한 저작을 남기지 않았지만, 그의 사상과 가르침은 제자들을 통해 구전으로 전해졌고, 훗날 의사이자 철학자인 섹스투스 엠피리쿠스가 체계적으로 정리했다. 섹스투스는 피론의 사상을 단순히 전하는 것을 넘어, 당시 철학자들의 모든 주장을 논박하며 회의주의를 하나의 학파로 완성했다. 그가 남긴 저작 『피론주의 개요』(Πυρρώνειοι ὑποτύπωσεις)는 피론의 사상을 체계적으로 정리한 고전으로, 오늘날 우리가 피론주의를 이해하는 가장 중요한 근거이다. 섹스투스는 동물의 감각 차이, 각 개인의 물리적·심리적 차이, 관습·법·신화에 이르기까지, 사물에 대한 모든 진술이 불가피하게 조건적이고 상대적일 수밖에 없음을 조목조목 논증한다. 판단 유보를 통해, 대립하는 여러 주장 가운데 어느 한쪽을 선택하지 않는 태도가 어떻게 자연스럽게 마음의 평정으로 이어지는지 보여 준다. 이 평정은 우연히 찾아왔다고 표현했지만, 사실은 진리를 향한 끝없는 탐구 끝에 얻은 실천적 열매라고 볼 수 있다.

『피론주의 개요』는 논리학·자연학·윤리학을 아우르며 지식·세계에 대한 설명 그리고 선악의 기준에 이르기까지 우리가 진정으로 확정할 수 있는 것이 무엇인지 질문한다. '누가 진리를 판단할 수 있는가, 무엇으로 판단할 것인가, 그 근거는 무엇인가?'에 대한 집요한 점검, 연역·귀납 등 논증 방식에 부딪히는 모순, 참과 거짓의 기준, 정의의 한계까지 두루 다룬다. 이 모든 과정에서 성급한 결론과 확신의 위험을 경계하고, 열린 탐구 정신의 가능성을 보여 주었다. 하지만 중세 시대에 들어서면서 피론주의의 빛은 희미해졌다. 신앙의 진리를 지키는

데 무게가 실리던 철학적 흐름 속에서 불편한 사상으로 취급되던 피론주의는 쇠퇴의 길을 걷는다.

그러나 16세기, 인문주의 르네상스의 물결과 함께 잊혔던 피론주의가 다시 등장했다. 1562년 프랑스에서 앙리 에스티엔이 『피론주의 개요』 라틴어 번역본을 출간하자 오랫동안 잊힌 회의주의는 재평가를 받기 시작했다. 이 책은 유럽 지성계에 큰 파장을 일으켰고, 몽테뉴·데카르트·흄과 같은 근대 철학의 거장들에게 영향을 미치며 새로운 시대의 서막을 열었다. 몽테뉴는 피론주의의 영향을 받아 자신의 서재에 '나는 무엇을 아는가?'라는 질문을 새겨 넣으며 독단적인 지식의 허영을 벗고, 자신을 탐구하는 사색의 길로 들어섰다. 근대 철학의 아버지로 불리는 데카르트는 모든 것을 의심하는 방법적 회의를 통해 "나는 생각한다, 고로 존재한다"라는 결론을 도출해 냈다. 이처럼 피론주의는 그 자체로 진리는 아니지만, 진리에 도달하기 위한 중요한 방법론으로 자리 잡았다. 나아가 흄은 경험론을 철저하게 관철하며 인과 관계에 대한 지식의 불확실성을 폭로했는데, 이는 피론주의적 회의론과 맥을 같이한다. 이처럼 피론주의는 근대 철학의 새로운 흐름을 이끄는 데 중요한 역할을 했다. 고대 회의주의인 피론주의가 철학적 신념 자체의 합리성을 문제 삼았다면 근대의 회의주의는 지식의 가능성에 의문을 품었다.

오늘날 피론주의가 새롭게 조명되는 이유는 무엇일까? 과학기술과 정보의 진보가 모든 문제를 해결할 것처럼 보이는 이 시대에, 왜 우리는 새삼스럽게 '모른다'는 겸허한 자세와 '판단을 유보'하는 태도에 주목해야 하는 걸까? 그 이유는 현대사회가 그 어느 때보다 불확실성, 대립 그리고 맹목적인 확신에 휩싸여 있기 때문일 것이다. 넘쳐나는 정보와 끊임없이 재빠르게 생산되는 주장 속에서 우리는 쉽게 한쪽으로 치우치고, 서로의 다름을 인정하지 못해 갈등하고 혐오한다. 사회적 믿음·법·윤리·신념·미디어의 메시지까지, 모두가 스스로 절대적인 진리인 양 내세운다. 그러나 우리 삶은 피론주의자들의 말처럼, 동일한 것이 사람에 따라, 문화에 따라, 심지어 환경에 따라 각기 다르게 보인다는 사실 앞에서 늘 한계를 드러낸다.

피론주의는 무능의 철학도, 냉소의 도피처도 아니다. 이 전통이 강조하는 것은 성급한 결론을 내리지 않고, 언제나 열린 태도로 자기 견해에 깊은 의심을 품는 것이다. 피론주의자들이 '나는 아무 판단도 하지 않는다', '사물은 내게 이렇게 보일 뿐이다'라고 할 때, 이는 지적 겸손을 표방하는 것을 넘어 다른 사람의 관점과 경험을 존중하고 미래의 변화에 대해 항상 열린 자세를 갖기 위함이다. 평정은 단순한 무관심이 아니다. 그것은 탐구와 성찰을 거듭한 끝에 얻게 되는 성숙한 고요함이다. 어떤 상황이 본래 선하거나 악하다고 단정하지 않음으로써, 우리는 지나친 불안과 집착에서 벗어나 보다 차분하게 살아갈 수 있다. 우리가 흔히 느끼는 불안과 분노는 사건이나 상황 때문이 아니라, 그것에 덧붙인 우리의 성급한 해석 때문이라는 섹스투스의 지적은 여전히 유효하다.

더 나아가, 회의적 태도는 실질적인 사회적 관용과 사유의 다양성을 보장하는 근간이 되기도 한다. 각자의 확신을 절대적인 교리처럼 여기는 대신, 서로 다른 관점에 놀라지 않고 모두가 잠정적 진리의 후보임을 인정한다면 우리는 편협함 대신 관용이, 아집 대신 질문이 주도하는 건강한 공동체를 이룰 수 있을 것이다. 이러한 관점에서 『피론주의 개요』는 단순한 고전 철학서가 아니라, 우리 삶의 방향을 다시 설정할 수 있는 중요한 나침반이 될 것이다. 판단을 유보하라는 피론주의의 가르침은, 넘쳐나는 정보 속에서 무의미한 논쟁을 멈추고, 마음의 평화를 되찾는 실질적인 방법을 제시한다. 어떤 것도 확신할 수 없다는 태도는 나약함이 아니라, 오히려 무한한 가능성을 열어 주는 지혜이다. 옳고 그름에 대한 단단한 벽을 허물고, 나와 타인의 다름을 인정하며, 유연한 사고로 세상을 바라볼 수 있게 한다.

많은 사람이 회의주의를 결정 장애나 책임 회피로 오해하지만, 이 책을 통해 독자들은 그 의미가 훨씬 심오하고 긍정적임을 새삼 발견하게 될 것이다. 다양한 논증 방식, 판단을 유보하는 실질적 논리 그리고 평정에 이르는 실제적 과정 등은 세상을 능동적으로 살아가기 위한 사유의 기술임을 깨달을 것이다. 피론주의자들처럼 독단적 주장에 의문을 품고 판단을 유보하는 태도야말로 대립과 불확실성으로 가득한 현대사회에서 우리에게 평화와 유연함을 가져다 줄 것이라 생각한다.

이 책은 『피론주의 개요』를 일반 독자들이 부담 없이 읽을 수 있도록 요약하여 번역한 것이다. 피론주의의 정의에 관련된 부분들은 온전히 넣고 추상적 논증이나 전문적인 세부 논의는 간추리고, 핵심과 삶에 적용할 수 있는 부분을 중심으로 옮겼다. 논증의 세세한 기술보다는 그 속에 담긴 지혜와 평정을 향한 길을 전달하고자 했다. 철학적 논쟁의 미묘한 결은 다 이해하지 못하더라도 그 속에 담긴 중요한 메시지는 분명히 다가올 것이다. 판단을 유보하는 태도, 겸허하게 멈추는 지혜가 오늘날 우리 삶에 어떤 울림을 줄지 고심하며 읽으면 좋을 것이다. 가족이나 직장에서의 갈등, 사회적 논쟁, 심지어는 일상의 작은 선택들 속에서도 '잠시 멈추어 바라보기'는 의외로 큰 힘을 발휘한다. 어쩌면 지금 우리가 가장 필요로 하는 것은, 바로 그 멈춤의 용기일지도 모른다. 이 책이 독자 여러분께 그 용기를 불러일으키는 계기가 되기를 바란다.

서미석

들어가는 말   9

1   피론주의란 무엇인가   23
2   피론주의의 논증 방식   41
3   피론주의자의 표현과 사유 방식   75
4   논리학에 대한 비판   103
5   자연학에 대한 비판   117
6   윤리학에 대한 비판   143

피론주의란 무엇인가

여러 철학의 근본적 차이

사람들이 무언가를 탐색할 때, 그 결과는 대개 세 가지 중 하나다. 원하는 것을 발견하거나, 찾지 못한 채 탐색을 포기하거나 혹은 계속해서 탐색하는 것이다. 철학에서 진리를 탐구하는 것도 마찬가지다. 어떤 사람들은 진리를 찾았다고 주장하고, 어떤 사람들은 진리는 절대 알 수 없다고 단언하며, 어떤 사람들은 계속 진리를 탐구한다. 진리를 찾았다고 믿는 사람들은 흔히 독단주의자라고 불린다. 아리스토텔레스, 에피쿠로스, 스토아학파 같은 부류가 여기에 속한다. 반면 신아카데미아학파인 클레이토마코스와 카르네아데스는 진리를 알 수 없다고 단언했다. 피론주의자들은 탐구를 멈추지 않는다. 그래서 철학은 크게 세 가지, 즉 독단주의, 아카데미아학파, 피론주의로 나눌 수 있다. 독단주의와 아카데미아학파에 대해서는 다른 사람들이 설명하는 것이 더 적절할 것이다. 그래서 여기서는 피론주의에 대해서만 간략하게 소개하려 한다. 다만 미리 밝혀 두는데, 앞으로 말하는 모든 것을 반드시 그러하다고 단정하는 것은 아니다. 그보다는 지금 이 순간 그러하다고 여겨지는 바를, 연대기를 기록하는 사람처럼 담담하게 서술할 뿐이다.

피론주의에 대한 설명

피론주의 철학은 크게 총론과 각론으로 나뉜다. 총론에서는 피론주의의 특징, 개념, 출발점과 근거, 기준과 목표, 판단 유보의 방식, 피론주의 주장의 표현법 그리고 다른 철학 학파와의 차이점 등을 다룬다. 각론에서는 이른바 철학의 각 분야를 논박한다. 먼저 총론부터 시작하여, 피론주의의 명칭에 대한 고찰부터 살펴보자.

피론주의 방식을 부르는 명칭

피론주의는 여러 이름으로 불린다. 첫째, 그 주된 활동이 끊임없는 탐구이므로 '탐구적'이라 불린다. 둘째, 탐구 대상에 대해 어떤 판단도 내리지 않고 유보하는 태도를 취하기에 '판단 유보적'이라 불리기도 한다. 셋째, 모든 것에 대해 의문을 품고 찬성하거나 반대하기를 망설이며 쉽사리 긍정하거나 부정하지 않는다는 점에서 '난해적'이라고도 일컫는다. 마지막으로, 피론이 어느 누구보다 이 길을 열정적으로 그리고 두드러지게 걸었다는 이유로 '피론적'이라고도 부른다.

피론주의란 무엇인가

피론주의의 힘은 표상과 개념을 어떤 방식으로든 서로 대립시키는 것이다. 그 결과 양쪽의 주장이 팽팽히 맞서면, 우리는 먼저 에포케, 즉 판단 유보에 이르고, 이어서 아타락시아, 즉 평정에 도달하게 된다. 여기서 '힘'이라는 말은 복잡한 뜻이 아니라 단순히 '그렇게 할 수 있음'을 뜻한다. '표상'은 감각을 통해 지각되는 대상을 가리키며, 이는 개념적인 대상과 대비된다. '어떤 방식으로든'이라는 표현은 '힘'이라는 말과 연결될 수 있으며, 감각 대상과 개념 대상 사이에 대립을 일으킨다는 뜻도 포함한다. 왜냐하면 피론주의자는 때로는 표상끼리, 때로는 개념끼리, 때로는 표상과 개념을 번갈아 대립시키기 때문이다. 따라서 '어떤 방식으로든'이라는 말은 표상과 개념이 어떤 모습으로 보이거나 생각되는가에 상관없이 그것들을 있는 그대로 대립시킨다는 뜻이다. '대립된 주장들'은 서로 양립할 수 없는 진술들을 말하며, 반드시 긍정과 부정의 관계

일 필요는 없다. '팽팽한 대립'이란 어느 쪽도 우위를 점하지 못하는 상태, 즉 어느 쪽도 더 믿을 만하지 않은 상태를 가리킨다. '판단 유보'는 어떤 것을 긍정하거나 부정하지 않는 마음의 상태를 뜻하며, '평정'은 흔들리지 않고 평온하며 고요한 마음의 상태를 의미한다. 판단 유보가 어떻게 평정으로 이어지는지는 피론주의의 목적을 설명할 때 다시 다루겠다.

피론주의자란 누구인가

피론주의자에 대한 정의는 이미 앞에서 설명한 피론주의의 방식에서 이미 잘 드러난다. 피론주의자는 표상과 개념을 서로 맞세우면서 판단을 유보하는 태도를 지닌 사람이다.

피론주의의 기원

피론주의가 생겨난 근본적인 동기는 마음의 평정을 얻고자 하는 희망이다. 명석한 사람들은 현실에서 나타나는 사실들의 불일치에 혼란을 느끼고, 어떤 사실을 믿어야 할지 고민하며 무엇이 참이고 거짓인지 분별하려고 애썼으며, 이 문제가 해결되면 마음의 평온을 찾을 수 있으리라 기대했다. 그러나 피론주의의 직접적인 기원은 어떤 주장에 대해 똑같이 설득력 있는 반대 주장을 내세우는 습관에 있다. 이렇게 함으로써 피론주의자는 독단주의에 빠지지 않게 된다고 본다.

피론주의자에게도 신조가 있는가?

피론주의자에게 신조가 없다고 할 때, 여기서 '신조'란 일반적으로 쓰이는 대로 '어떤 것에 동의한다'는 단순한 뜻이 아니다. 피론주의자도 감각적 자극에 의해 필연적으로 일어나는 반응(pathé)에는 동의하기 때문이다. 예를 들어 더위나 추위를 느낄 때 '안 더운 것 같다'거나 '안 추운 것 같다'고 말하지 않는 것과 같다. 하지만 '피론주의자는 신조를 가지고 있지 않다'고 할 때, '신조'는 학문적으로 탐구하는 불명확한 문제들에 대해 어느 한쪽을 확신하는 태도를 뜻한다. 피론주의자는 이러한 불명확한 사안에 대해 어떤 주장에도 동의하지 않는다. 가령 '어느 쪽이 더 옳지 않다'거나 '나는 어떤 것도 단정하지 않는다'는 식의 피론주의적 표현을 내세울 때조차, 피론주의자는 그것을 절대적 진리라고 단정하지 않는다. 독단주의자는 자신이 내세우는 주장을 진리로 단정하지만, 피론주의자는 자신이 하는 주장조차 절대적 진리로 여기지 않는다. 예를 들어, '모든 것은 거짓이다'라는 말에는 그 말조차 거짓이라는 뜻이 포함되어 있다. '아무것도 참이 아니다'라는 말도 그 자체가 참이 아니라는 뜻이 내포되어 있다. 마찬가지로 '이것이 더 그렇다고 할 수 없다'는 말 역시 그 말 자체가 그렇지 않을 수도 있다는 의미를 품고 있다. 독단주의자는 자신의 주장이 참이라고 단정하는 반면, 피론주의자는 자기 주장조차 스스로 검열하여 독단적으로 내세우지 않는다. 그러나 가장 중요한 점은, 피론주의자는 이러한 표현을 할 때에도 단지 자신이 그렇게 느끼거나 판단할 뿐, 외부 대상에 대해 굳건한 신념을 가지고 주장하는 것이 아니라 자신에게 미치는 영향만을 밝힌다는 점이다.

피론주의도 학파라고 할 수 있을까?

피론주의도 학파인가라는 질문에도 비슷하게 대답할 수 있다. 만약 '학파'란 서로 모순되지 않고 외적으로 드러나는 현상들과도 부합하는 여러 신조(dogma)를 신봉하는 집단이라면, 그런 의미에서 피론주의는 학파라고 할 수 없다. 그러나 주어진 현실에 맞추어 합리적인 삶의 틀을 따르는 방식, 즉 도덕적 의미뿐 아니라 더 넓은 의미에서 '바르게' 살아갈 수 있다고 여겨지는 방식을 '학파'라고 정의한다면 그리고 그것이 판단을 유보하는 능력을 길러 준다면, 그런 의미에서는 피론주의도 학파라 할 수 있다. 실제로 피론주의자는 드러나는 현상에 따라, 조상들의 관습과 법률, 사회적 문화 그리고 그에 대응하는 자신의 태도에 잘 맞는 삶의 방식을 구별해 따르기 때문이다.

피론주의자도 자연 현상을 탐구하는가?

피론주의자가 자연 현상을 탐구하는지에 대해서도 비슷하게 답할 수 있다. 한편, 자연학처럼 어떤 사안에 대해 확신하여 단정적으로 주장하는 방식으로는 자연 현상을 탐구하지 않는다. 그러나 어떤 주장에 상응하는 반대 주장을 제시하거나 마음의 평정을 얻고자 하는 경우라면 피론주의자도 자연 현상을 탐구한다. 논리학이나 윤리학 같은 다른 철학 분야에서도 피론주의자는 똑같은 접근 방식을 취한다.

피론주의자들은 '현상'을 부정하는가?

피론주의자가 현상을 부정한다는 주장은 피론주의를 제대로 이해하지 못한 것이다. 이미 말했듯이, 피론주의자는 좋든 싫든 감각을 통해 인식되어 필연적으로 받아들일 수밖에 없는 현상을 부정하지 않는다. 이러한 현상들이 바로 표상이다. 실제 대상이 보이는 그대로 존재하는지 묻는다면, '그렇게 보인다'는 사실 자체는 받아들인다. 피론주의자가 관심을 두는 것은 표상 자체가 아니라, 그 표상에 대해 사람들이 내리는 판단이다. 이는 표상을 직접 관찰하는 것과는 다르다. 예를 들어 '꿀은 달다'는 사실은 인정한다. 감각적 인식에 의해 단맛이 느껴지기 때문이다. 그러나 '꿀이 본래 정말 달다고 할 수 있는가'라는 문제는 논의의 대상이다. 왜냐하면 이것은 감각적 인식이 아니라 표상에 대한 철학적 해석의 영역이기 때문이다. 표상에 반대되는 논증을 제시할 때도, 피론주의자는 표상 자체를 부정하려는 것이 아니다. 오히려 너무 성급하게 결론을 내리는 독단주의자들의 태도를 드러내려는 것이다. 만약 어떤 주장이 사람들 눈에 보이는 표상까지 속일 정도로 기만적이라면, 눈에 보이지 않는 불확실한 문제들에 대해서는 더더욱 신뢰할 수 없을 것이다.

그래서 피론주의자는 그런 성급한 판단을 내리지 않도록 경계한다.

피론주의 방식의 기준

피론주의자가 현상에 주목한다는 사실은 피론주의적 접근법의 기준을 이해하는 데 중요한 열쇠가 된다. '기준'이라는 말은 두 가지 의미로 쓰인다. 첫째는 어떤 대상이 실제로 존재하는지 신뢰하고자 채택하는 기준인데, 이 부분은 나중에 반박 논쟁에서 자세히 설명할 것이다. 둘째는 행위와 관련된 기준으로, 피론주의자는 삶에서 이 기준에 따라 어떤 행동은 하고 어떤 행동은 하지 않는다. 여기서 다룰 것은 바로 이 두 번째 의미이다. 피론주의적 접근법의 기준은 바로 겉으로 드러나는 '현상', 즉 '표상'이라고 할 수 있다. 표상은 수동적인 느낌이나 감각으로 생기는 반응과 관련이 있어 탐구 대상이 아니며, 실제로 외부 대상이 어떤 모습으로 보인다는 사실 자체는 아무도 다투지 않는다. 사람들이 문제 삼는 것은 외부 대상이 자신들의 눈에 보이는 그대로 실제로 존재하는가 하는 점이다. 피론주의자는 이 표상에 집중하면서도 독단적인 신조 없이 일상생활을 영위한다. 아무런 행동도 하지 않고 살 수는 없기 때문이다. 일상생활은 크게 네 가지 차원으로 나뉜다. 첫째, 자연에 따르는 삶이다. 본능적으로 지각하고 사고할 수 있으므로 자연스럽게 행동한다. 둘째, 감각적 충동에 따르는 삶이다. 배가 고프면 먹고, 목마르면 마시는 것이 이에 해당한다. 셋째, 관습과 법에 따르는 삶이다. 살면서 경건함을 미덕으로, 불경함을 부정적으로 받아들인다. 넷째, 기술의 가르침에 따른 삶이다. 피론주의자는 배운 기술을 이용해 일상 활동을 수행한다. 피론주의자는 독단적인 신조 없이도 이 모든 차원에서 일상생활을 영위할 수 있다고 생각한다.

피론주의의 목적

이제 피론주의적 접근법의 목적에 대해 설명할 차

례다. 일반적으로 '목적'이란 모든 행위나 고려가 궁극적으로 도달하는 최종 목표나 바람을 의미한다. 피론주의자의 목적은 신조와 관련된 상황에서는 마음의 평정을 유지하고, 피할 수 없는 상황에서는 '온건한 반응'을 보이는 것이다. 피론주의자는 표상을 통해 무엇이 참이고 거짓인지 알아내어 평정에 이르려고 철학을 시작했지만, 상반된 주장들이 서로 충돌하는 상황에 부딪히자 결국 결론을 내리지 못하고 판단을 유보하게 되었다. 그런데 이 판단 유보의 과정에서 우연히도 원래 목표였던 평정을 얻게 되었다.

본래 어떤 것이 좋거나 나쁘다고 굳게 믿는 사람은 늘 불안하다. 좋다고 생각하는 것을 얻지 못하면 괴로워하고, 얻으면 지나치게 의기양양하다가 상황이 바뀔까 두려워하며 지키려 애쓴다. 이처럼 사람이 고통받는 것은 상황 때문이 아니라 그러한 상황이 좋거나 나쁘다고 생각하기 때문이다. 반대로 무엇이 본래 좋거나 나쁘다고 단정하지 않는 사람은 그것을 극단적으로 피하거나 열망하지 않으므로 평정에 이를 수 있다.

피론주의자가 평정에 이르는 이러한 과정은 고대 화가 아펠레스의 일화와 비슷한 면이 있다. 어느 날 아펠레스는 말을 그리고 있었는데 말의 입가에 생긴 거품을 표현하려 했지만 번번이 실패했다. 그러자 결국 포기하고는 붓을 닦는 데 쓰던 스펀지를 그림에 던졌다. 그런데 예기치 않게도 스펀지가 닿은 곳에 제대로 된 거품 모양이 표현되었다. 이처럼 피론주의자도 표상과 개념의 불일치를 해소하려 했으나 해결책을 찾지 못해 판단을 유보했다. 그 결과 마치 그림자가 물체에 따라오듯이 평정이 뒤따랐다.

물론 피론주의자도 추위나 갈증 등 불편한 상황에서 고통을 겪는다. 하지만 보통 사람들과 달리 이중적 고통에 시달리지는 않는다. 보통 사람들은 감각 반응에 의한 고통에 이런 상황이 본래 나쁘다는 선입견까지 더해져 이중으로 시달린다면, 피론주의자에게는 이러한 선입견이 없기에 비교적 초연할 수 있다. 이 때문에 피론주의자의 궁극적 목적은 신조와 관련된 상황에서의 '평정'과, 피할 수 없는 상황에서의 '절제된 반응'으로 볼 수 있다. 다만 몇몇 저명한 피론주의자는 여기에 '탐구 과정에서의 판단 유보'를 추가하기도 했다.

피론주의자들과 에피쿠로스학파 모두 학문 비판에 반박 논증을 사용했으나, 그 동기와 태도는 달랐다. 에피쿠로스학파는 학문이 지혜를 얻는 데 도움이 되지 않는다고 주장했는데, 교양 부족을 숨기려고 이러한 태도를 보였다는 시각도 있다. 실제로 에피쿠로스는 여러 면에서 학식이 부족했으며, 일상 대화에서도 언어 사용이 세련되지 못하다는 비판을 받았다. 또한 플라톤이나 아리스토텔레스처럼 학식이 깊은 철학자에 대한 반감 때문에 학문에 적대적인 태도를 취하게 된 듯하다. 반면 피론주의자들은 다르다. 피론주의자는 학문이 지혜에 도움이 되지 않는다고 주장하지 않는데, 그런 주장은 이미 독단적이기 때문이다. 또한 학문 비판이 교양 부족에서 온 것도 아니며, 오히려 다른 철학자들보다 더 박식하고 경험이 풍부하며, 대중의 평판에 크게 신경 쓰지 않았다. 피론주의자의 비판 역시 특정 인물에 대한 반감이나 적대심에서 비롯되지 않았다. 피론주의자는 온화한 성품을 지녔기에, 그런 악덕과는 거리가 멀다. 피론주의자들이 학문에 대해 보인 태도는 철학 전반에 대해 보인 태도와 같다. 처음에는 진리를 찾고자 철학을 탐구했으나, 상반된 주장이 팽팽히 맞서자 판단을 유보하게 되었다. 역시 처음에는 진리를 배우고자 학문에 힘썼으나, 곧 상반된 논리가 팽팽히 맞서자 비슷한 태도를 보였다. 이러한 이유로, 이 책에서는 피론주의자들의 태도를 따라 논쟁을 피하며, 학문에 제기된 반론 중 효과적인 주장만 골라 제시하려 한다.

2

피론주의의 논증 방식

판단 유보의 일반적 방식

지금까지는 모든 것에 대해 판단을 유보하면 평정이 뒤따른다고 했다. 이제는 판단 유보에 이르는 과정을 설명할 차례다. 대체로 말하자면, 판단 유보는 서로 대립하는 주장들에서 비롯된다. 피론주의자는 표상과 표상, 개념과 개념, 또는 표상과 개념을 번갈아 대립시킨다. 예를 들어, 같은 탑이라도 멀리서 보면 둥글게 보이지만 가까이서 보면 네모나게 보인다고 할 때는 표상과 표상을 대립시키는 경우이다. 또 천체의 질서를 근거로 신의 섭리가 존재한다는 주장에 맞서, 착한 이는 불행하고 악한 이가 잘산다는 사실을 들어 신의 섭리가 없다고 반박하는 경우는 개념과 개념의 대립이다. 그리고 아낙사고라스가 눈이 하얗다는 주장에 반대하며, "눈은 얼어붙은 물이고, 물은 어두운 색이니 눈도 어두운 색이다"라고 주장한 것은 표상과 개념을 대립시킨 사례이다.

또 다른 경우로, 때로는 현재 상황을 현재 상황과 대립시키며, 때로는 현재 상황을 과거 또는 미래 상황과 대립시키기도 한다. 예컨대 누군가 반박할 수 없는 주장을 내놓았을 때 이렇게 응답할 수 있다. "지금 당신이 따르는 학설을 제시한 사람이 태어나기 전에는, 그 학설의 논거가 타당해 보이지 않았더라도 실제로는 이미 타당했을 수 있습니다. 마찬가지로 지금 당신의 논증이 타당해 보여도, 반대되는 논증 역시 지금은 타당해 보이지 않을 뿐 실제로는 타당할 수 있습니다. 따라서 지금 강력해 보인다고 해서 쉽게 동의해서는 안 됩니다."

이처럼 다양한 대립 양상을 명확히 이해하고자, 이제 판단을 유보하게 하는 여러 방식을 살펴보려 한다. 다만 방식의 수나 그 효력에 대해 단정하지는 않겠다. 이는 이들 방식의 논거가 완전하지 않을 수 있고, 내가 언급하지 않은 다른 방식도 존재할 수 있기 때문이다.

열 가지 논증 방식

고대 피론주의자들은 판단 유보에 이르는 열 가지 방식을 후세에 전했다. 이 방식을 논증 또는 근거라고 부른다. 순서에 특별한 의미를 부여하지 않고 열 가지 방식을 열거하자면 다음과 같다. 첫째, 동물의 다양성에 근거한 방식, 둘째, 사람마다 다른 차이에 근거한 방식, 셋째, 감각기관의 차이에 근거한 방식, 넷째, 상황과 조건에 근거한 방식, 다섯째, 위치·거리·방향의 차이에 근거한 방식, 여섯째, 혼합에 근거한 방식, 일곱째, 외부 대상의 양과 구조 차이에 근거한 방식, 여덟째, 관계성에 근거한 방식, 아홉째, 현상의 발생 빈도 또는 희귀성에 근거한 방식, 열째, 생활 방식·관습과 법률·신화적 믿음과 독단적 신조에 근거한 방식.

이 열 가지 방식은 세 가지 상위 범주로 나눌 수 있다. 첫째 판단하는 주체(감각 주체)에 근거한 방식, 둘째 판단되는 대상(객체)에 근거한 방식, 셋째 주체와 대상 모두에 근거한 방식이다. 열 가지 방식 중 첫째부터 넷째 방식까지는 판단 주체에 근거한 방식으로, 동물이나 인간·감각기관·특정 상황에 따른 차이를 포괄한다. 일곱째와 열째 방식은 판단 대상에 근거한 방식이고 다섯째·여섯째·여덟째·아홉째 방식은 판단 주체와 대상 양쪽에 근거한 방식이다. 이 세 가지 상위 방식은 모두 '관계성'에 의해 통합된다. 그러므로 관계성이 가장 일반적인 방식이고, 그 아래 세 가지 하위 방식과 열 가지 구체 방식으로 나뉜다.

이제 각 방식의 내용을 구체적으로 살펴보자. 첫

째, 동물의 다양성에 근거한 방식은, 앞서 언급했듯 같은 외부 자극이라도 동물마다 각기 다른 표상을 낳는다는 것이다. 이는 동물의 발생 방식과 신체 구조가 다양하기 때문이다. 발생 방식은 교미 없는 발생과 교미를 통한 출생으로 나뉜다. 교미 없이 생겨나는 동물로는 화덕의 미생물, 고인 물의 모기, 상한 포도주의 초파리 등이 있으며 또 흙에서 생기는 메뚜기, 습지의 개구리, 진흙 속 지렁이도 있다. 당나귀 배설물에서 생기는 쇠똥구리, 채소에 기생하는 애벌레, 무화과 같은 과일 속에서 자라는 벌레, 황소나 말의 사체에서 나오는 벌과 말벌도 포함된다. 교미에 의해 태어나는 동물은 대부분 같은 종 사이에서 태어나지만, 노새처럼 다른 종 부모 사이에서 태어나는 경우도 있다. 또한 어떤 동물은 태에서 태어나고, 어떤 동물은 알에서 부화하며, 어떤 동물은 성체의 몸으로 태어난다. 이처럼 출생 방식과 신체 구조가 다양하니, 동물의 감각과 반응도 매우 다를 수밖에 없으며, 이로 인해 감각과 판단에서 불일치와 충돌이 발생한다.

감각과 인식에 관여하는 주요 기관의 구조적 차이가 클수록 표상의 차이도 커진다. 예를 들어 흰색이 황달 환자에게는 노랗게, 눈이 충혈된 환자에게는 붉게 보이는 것처럼 동물들도 눈 색깔과 구조에 따라 색을 다르게 인식한다. 또한 태양을 오래 본 뒤 책을 보면 글자가 금빛으로 빛나거나 움직이는 것처럼 보이기도 한다. 몇몇 동물은 밤에도 눈에서 빛이 나오거나 반사되어 우리와는 다른 방식으로 외부 대상을 인식한다.

마술사는 단순한 혼합물로도 주변 사람들의 시각 표상을 바꿀 수 있다. 이와 마찬가지로, 동물 눈 속에 있는 체액의 조성 차이 또한 표상이 다양하게 나타나는 원인이다. 또 한쪽 눈알을 누르면 사물의 형태나 크기가 달라지는 등 왜곡이 생기는데, 고양이나 염소처럼 세로로 긴 동공을 가진 동물은 둥근 동공을 가진 동물과는 전혀 다르게 물체를 인식할 가능성이 크다. 거울 또한 형태에 따라 사물을 다르게 보여주는데, 오목 거울은 크게, 볼록 거울은 작게 보여 준다. 머리와 발이 뒤바뀌어 보이는 거울도 있다. 이처럼 동물의 시각 기관도 다양하여 외부 대상을 다르게 인식할 수밖에 없다. 따라서 개·물고기·사자·인간·메뚜기 등 각기 다른 동물이 같은 사물을 보더라도 크기와 모양을 동일하게 인식하지 않을 가능성이 크며, 표상에 따라 사물을 지각하는 방식이 달라진다.

이와 같은 논증은 다른 감각에도 동일하게 적용된다. 예를 들어, 딱딱한 껍질을 가진 동물과 피부가 있는 동물, 가시나 깃털·비늘로 덮인 동물이 느끼는 촉각이 같다고 할 수 있을까? 청각 역시 마찬가지다. 귀가 좁고 긴 동물과 넓고 짧은 동물, 털로 덮인 귀와 털이 없는 귀를 가진 동물이 같은 소리를 듣는다고 보기는 어렵다. 사람도 평소와 귀가 막혔을 때 청각이 달라진다. 후각도 동물의 체질에 따라 다르다. 사람이 감기에 걸렸을 때나 머리에 피가 몰렸을 때 향긋한 냄새가 역겹게 느껴지는 것처럼, 체액 분포가 다른 동물들은 냄새를 완전히 다르게 지각할 것이다. 미각도 마찬가지다. 혀가 거칠고 건조한 동물과 매우 촉촉한 동물은 같은 음식 맛을 다르게 느낄 수 있다. 열병에 걸려 혀가 건조해지면 음식에서 흙 맛이나 쓴맛을 느끼는 것처럼 말이다.

이러한 차이들 때문에 외부 대상의 본질이 무엇인지를 단정하기 어렵다. 동물마다 같은 대상이 전혀 다른 표상으로 나타나기 때문이다. 따라서 인간은 대상이 어떻게 보이는지만 말할 수 있고, 그것이 본질적으로 어떠한지는 말할 수 없다. 이는 인간이 논쟁에 참여하는 당사자이기에, 인간의 표상과 다른 동물의 표상 중 어느 쪽이 옳은지 판단할 권한이 없기 때문이다. 또한 인간의 표상이 비이성적인 동물의 표상보다 더 신뢰할 만하다고 증명할 수도 없다. 결과적으로 외부 사물이 본래 어떠한지에 대해서는 판단을 유보할 수밖에 없다.

둘째 방식은 사람마다 다르다는 점에 근거한다. 설령 인간이 비이성적 동물보다 신뢰할 만하다고 해도, 사람 간 차이만으로도 판단 유보가 발생한다. 인간은 육체와 영혼이라는 두 측면에서 모두 다양하다. 육체적 측면을 보면, 생김새와 체질이 각기 다르다. 예를 들어, 스키타이인과 인도인의 신체는 체액의 상대적 비율 차이로 인해 다르게 인식한다. 체질 차이는 표상과 선호에도 영향을 미친다. 인도인이 좋아하는 것과 그리스·로마인이 좋아하는 것이 다르다. 소화 능력 또한 달라서 어떤 사람은 생선보다 쇠고기를 더 잘 소화하고, 어떤 이는 특정 포도주만 마셔도 설사를 한다. 이 외에도 여러 사례가 있다. 아티카의 한 노파는 독미나리즙을 많이 마셔도 무사했고, 어떤 이는 아편을 많이 먹고도 탈이 없었다. 알렉산드로스 대왕의 식사를 담당했던 데모폰은 햇볕을 쐬거나 뜨거운 물에 들어가면 오히려 오한이 났다. 아르고스 출신의 아테나고라스는 전갈이나 독거미에 쏘여도 통증을 느끼지 않았고, 프실라이오스족은 독사나 맹독을 가진 뱀에게 물려도 해를 입지 않았다. 이집트의 텐튀리타이 부족도 악어에게 물려도 멀쩡했다고 한다. 또한 아스타포스 강변에 사는 이집트인들은 전갈과 뱀 같은 것들을 아무렇지도 않게 먹는다. 할키스 출신의 루피누스는 독성 식물을 섭취해도 토하거나 설사하지 않았고, 잘 소화시켰다고 한다. 해부학의 아버지 헤로필로스를 추종한 의학자 크리세르모스는 후추만 먹어도 심장마비 위험이 있었고, 외과의 소테리코스는 생선 튀김 냄새만 맡아도 설사를 했다고 한다. 아르고스 출신의 안드론은 갈증을 거의 느끼지 않아 리비아 사막을 물 없이 횡단했다. 티베리우스 황제는 어둠 속에서도 볼 수 있었으며, 아리스토텔레스는 타소스섬의 어떤 인물에게 늘 따라다니는 사람 형상의 환영(幻影)을 보았다고 한다. 독단주의자들이 제시하는 사례 중 몇 가지만 언급해도 될 정도로 이처럼 신체적 차이는 다양하고 뚜렷하다. 영혼 측면에서 차이가 존재할 가능성도 크다. 예를 들어, 관상학에서는 육체를 영혼의 표상으로 본다. 또 독단주의자들조차 무엇을 선택하거나 회피해야 할지 의견이 일치하지 않는다는 점이 인간 지성의 광범위한 차이를 반영한다. 시인들 역시 이 점을 잘 표현했다. 핀다로스는 이렇게 노래했다.

> 폭풍처럼 빠른 말을 타고 거머쥔 월계관과 승리의 트로피에서 기쁨을 얻는 이가 있고,
> 금으로 장식된 화려한 방에 살며 그로부터 기쁨을 느끼는 이가 있다.
> 심지어 빠른 배를 타고 바다의 파도를 가르며 항해하는 것을 즐기는 사람도 있다.
>
> — 핀다로스, 「단편 221」(존. E. 샌디스 경 번역)

호메로스도 이렇게 노래했다.

> 이런 일을 좋아하는 이가 있는가 하면, 저런 일을 즐기는 이도 있다.
>
> — 호메로스, 『오디세이아』 14권 228행

비극 작품에도 이런 주제가 자주 등장한다.

모든 이에게 똑같이 아름답고 지혜로운 것이 있다면,
서로 다투거나 논쟁이 일어나지 않았을 것이다.

— 에우리피데스, 『페니키아의 여인들』
499~500행

또 이런 말도 있다.

똑같은 것이 누군가에게는 즐겁고 누군가에게는 혐오스럽다니, 참으로 이상한 일이로다.

— 작자 미상, 「단편 462번」(요한
아우구스트 노우크 편집)

　선택과 회피는 기쁨과 불쾌에 근거하며, 이는 감각과 표상에 기반한다. 만약 같은 대상을 누군가는 선택하고, 누군가는 기피한다면, 사람들은 같은 대상에 동일한 영향을 받지 않는다고 보는 게 합리적이다. 만일 모두가 똑같이 영향을 받았다면, 모두가 같은 대상을 선택하거나 회피했을 것이다. 하지만 동일한 대상이 사람마다 다르게 인식되고 영향을 미친다면, 이는 판단 유보를 불러온다. 비록 외부 대상이 특정 조건에 따라 어떻게 보이는지는 말할 수 있지만, 그 본질이 무엇인지 단정할 수는 없다. 사람은 모든 사람의 말을 믿는 것도, 일부 사람의 말만 믿는 것도 어렵다. 각자 자신의 스승을 따라 각기 다른 주장을 펼치기 때문이다. 플라톤주의자는 '플라톤을 따라야 한다'고 말할 것이며, 에피쿠로스주의자는 '에피쿠로스를 따르라'고 주장할 것이다. 결국 끝없는 논쟁 속에서 우리는 다시 판단을 유보하는 수밖에 없다.

다수의 의견을 따라야 한다고 주장하는 사람도 있지만, 이는 매우 유치한 제안이다. 인류 전체를 만나 이야기를 나눠 보고 무엇이 다수의 의견인지 알아낼 수 있는 사람은 아무도 없기 때문이다. 실제로 그리스인이 전혀 모르는 민족이 있을 수 있다. 그들에게는 그리스인에게 드문 특성이 일반적일 수 있고, 반대로 그리스인에게 흔한 특성이 그들에게는 드물 수도 있다. 예를 들어, 그들은 대부분 거미에 물려도 통증을 느끼지 않으며, 드물게 몇몇만이 통증을 느낄 수 있다. 이처럼 개인적 특이성도 마찬가지이다. 따라서 결국 사람들 간 차이 때문에 다시 판단을 유보할 수밖에 없다. 독단주의자들은 사실 판단에서 항상 자신들이 다른 사람보다 우위에 있다고 주장한다. 하지만 그들 역시 논쟁의 당사자이므로 그런 주장은 정당하지 않다. 더욱이 자기들만을 우선시해 현상에 대한 결정을 내린다면, 판단이 시작되기도 전에 이미 결론을 내리고 전제를 받아들인 셈이다.

세 번째 방식은 감각기관의 차이에 근거한다. 같은 대상이라도 감각기관에 따라 다르게 인식될 수 있어, 사물의 본질을 판단할 수 없다는 것이다. 예를 들어 그림을 그린 패널에 바른 아교는 눈으로 보면 투명하지만, 손으로 만지면 거칠다. 올리브기름은 맛보면 고소하지만, 냄새 맡으면 불쾌하다. 밀랍은 만지면 단단하지만, 혀로 맛보면 부드럽게 녹는다. 또 눈에는 하얗게 보이지만, 혀에는 차갑고 손에는 매끄럽게 느껴질 수 있다. 소금은 시각적으로 가루처럼 보이나 맛은 짜고, 혀에 닿으면 따끔한 감각을 준다. 와인은 눈에는 붉게 보이지만 혀에는 달거나 떫고, 코에는 향기로울 수 있다. 꿀은 맛보면 달지만, 눈에 들어가면 쓰라린 느낌을 준다. 이처럼 동일한 사물이 감각기관에 따라 다르게 느껴진다면, 사물이 본래 어떤 성질을 띠는지 확정할 수 없다. 인간은 어느 한 감각기관이 더 진실을 드러낸다고 판단할 수 없으므로, 현상은 단순히 각 감각기관에 '그렇게 나타날 뿐'이라고 말할 수밖에 없다. 따라서 이 경우에도 판단을 유보할 수밖에 없다.

네 번째 방식은 대상이 놓인 주변 상황과 조건에 따라 다르게 보인다는 점에 근거한다. 같은 공기도 맑을 때와 탁할 때 다르게 보이고, 태양도 맑은 날에는 밝게 빛나지만 안개 낀 아침에는 희미하게 나타난다. 같은 방 안에서도 불빛 위치에 따라 사물의 그림자가 길거나 짧게 드리운다. 인간의 신체 상태나 심리 조건에 따라서도 동일한 대상이 다르게 경험된다. 예를 들어, 건강할 때는 음식이 맛있지만 아플 때는 역겹다. 기분 좋은 날에는 음악이 즐겁지만 우울할 때는 시끄럽게 들린다. 같은 술도 처음 마실 때는 달게 느껴지지만 많이 마시면 쓰다. 또한 손을 뜨거운 물에 담그고, 다른 손을 찬물에 담근 후 두 손을 동시에 미지근한 물에 넣으면, 한쪽은 따뜻하고 다른 쪽은 차갑게 느껴진다. 이처럼 경험 조건에 따라 같은 대상도 전혀 다르게 감각된다. 따라서 사물이 놓인 주변 환경과 개인 조건에 따라 대상의 모습이 다르므로, 사물이 본래 지닌 성질을 확정하기는 어렵다. 인간이 할 수 있는 말은 단지, '이런 조건에서는 이렇게 보인다'는 정도이다. 따라서 이 경우에도 판단을 유보할 수밖에 없다.

다섯 번째 방식은 위치·장소·거리에 따른 차이

에 근거한다. 예를 들어 동일한 탑도 멀리서 보면 둥글게 보이지만 가까이 다가가면 네모난 모서리가 드러난다. 배도 멀리서 작게 보이다 가까워지면 크게 보인다. 태양은 지평선 근처에 있을 때는 크게 보이나 머리 위에 있을 때는 작게 보인다. 배를 젓는 노도 물속에서는 굽어 보이지만, 물 밖에서는 곧게 보인다. 이처럼 위치·장소·거리에 따라 동일한 사물도 전혀 다른 모습으로 나타난다. 하지만 인간은 어떤 모습이 사물의 '진짜 모습'인지 판별할 수 없다. 따라서 사물이 본래 어떤 성질을 지녔는지는 알 수 없으며, 특정 조건에서 '그렇게 나타날 뿐'이라고 말할 수밖에 없다. 그래서 이 경우에도 판단을 유보해야 한다.

여섯 번째 방식은 '혼합 상태'에 근거한다. 어떤 것도 순수하게 독립된 상태로 인식되지 않고, 항상 다른 것들과 뒤섞여 나타난다는 점에서 비롯된다. 예를 들어, 공기만으로는 빛이 감각되지 않고, 물속 생물은 물과 함께 보이며, 사람도 공기와 빛·주변 환경과의 관계 속에서 인지된다. 향기도 혼자서는 감지되지 않고 공기와 섞여야 하며, 소리 역시 공기를 매개로 들린다. 음식도 혀의 습기와 침과 섞여야 제대로 맛을 느낄 수 있다. 따라서 인간이 어떤 사물의 성질을 경험한다고 할 때, 사실 그것이 단독으로 존재하는 것이 아니라, 다른 것들과 섞여 나타난 결과를 경험하는 것이다. 이 때문에 인간이 경험하는 것은 사물의 본래 성질이 아니라, 섞여 나타난 결과라고 볼 수밖에 없다. 결국 사물이 실제 어떤 성질을 지니는지는 확정할 수 없으며, '그저 이렇게 나타난다'고 말할 뿐이다. 따라서 이 경우에도 판단을 유보해야 한다.

일곱 번째 방식은 대상의 양이나 내부 구조의 차이에 근거한다. 예를 들어, 같은 와인이라도 적당히 마시면 기분이 좋지만, 과음하면 어지럽거나 속이 불편해진다. 같은 음식도 적당히 먹으면 이롭지만, 과식하면 병을 일으킨다. 약재 역시 적절한 양만 쓰면 치료제지만, 많이 쓰면 독약이 된다. 햇빛도 적당량만 쏘이면 몸에 좋고 기분도 상쾌하지만, 지나치게 쏘이면 탈진을 일으키거나 불쾌를 유발한다. 식초는 소량만 넣으면 상큼하지만, 많이 들어가면 신맛이 강해 먹기 힘들어진다. 이처럼 양과 비율에 따라 동일한 대상도 전혀 다른 효과를 낸다. 따라서 사물이 본래 어떤 성질을 지녔다고 단정할 수 없으며, 특정한 양과 조건에 따라 그렇게 보이고 작용할 뿐이다. 그래서 이 경우에도 피론주의자는 판단을 유보한다.

여덟 번째 방식은 모든 것이 상대적이라는 점에서 비롯된다. 어떤 것은 그것을 지각하는 주체와의 관계 속에서만 나타난다. 예를 들어, 같은 바람도 누구에게는 시원하게 느껴지지만, 누구에게는 춥게 느껴진다. 같은 음식도 건강한 사람에겐 맛있지만, 아픈 사람에겐 쓰고 불쾌하다. 또 사물은 놓인 환경이나 대비되는 대상에 따라 성질이 달라진다. 예를 들어, 한 사람이 키가 크다고 할 때는 비교 대상이 작아서 그렇게 보일 수 있다. 물건이 밝다고 여겨지는 것도 어두운 곳에서 보기 때문이지, 절대적으로 밝다고 할 수는 없다. 이처럼 모든 것은 다른 것과의 관계 속에서만 정의되며, 고정된 성질을 지녔다고 단언할 수 없다. 따라서 사물의 본질적 특성은 확정할 수 없고, 판단을 유보할 수밖에 없다.

아홉 번째 방식은 사물이 얼마나 자주 혹은 드물게 경험되느냐에 따른다. 태양은 매일 떠오르기 때문에 사람들은 그다지 놀라워하지 않는다. 반면, 일식이나 혜성처럼 드문 현상은 매우 특별하게 바라본다. 땅에서 나는 물은 흔해서 별 관심을 보이지 않지만, 드물게 보이는 유황이나 온천수는 신기하게 여긴다. 바다의 파도도 흔한 광경이지만, 항상 잔잔하다가 갑자기 파도가 몰려오면 색달라 보인다. 이처럼 동일한 현상이라도 빈도에 따라 인간은 다르게 평가하고 느낀다. 따라서 사물이 본질적으로 놀랍거나 평범하다고 단정할 수 없다. 인간의 판단은 경험 빈도에 좌우되므로, 사물의 본질은 알기 어렵고 판단을 유보해야 한다.

열 번째 방식은 주로 윤리와 관련이 있으며, 생활 방식·관습·법률·신화적 믿음 그리고 독단적 신조에 근거한다. 생활 방식이란 개인이나 다수가 선택해 살아가는 삶이나 특정한 행동 양식의 기반을 말한다. 예를 들어 디오게네스나 라코니아인들의 생활 방식이 그러하다. 법률은 시민들이 문서로 합의한 규범으로, 이를 위반하면 처벌받는다. 관습 또는 관례(둘 사이에 본질적 차이는 없다)는 여러 사람이 특정한 행위 방식을 공동으로 받아들이는 것이며, 이를 어긴다고 해서 반드시 처벌이 뒤따르지는 않는다. 예를 들어 간통을 금지하는 것은 법률이지만, 공공장소에서 성행위를 하지 않는 것은 관습에 해당한다. 신화적 믿음은 사실이 아니면서도 많은 사람이 믿는 허구적 신념을 말한다. 크로노스에 관한 신화가 그 예이다. 독단적 신조는 유추나 특정 증거에 의해 확립된 듯 보이는 주장들을 뜻한다. 사물에 원자가 존재한다거나, 동질 미립자나 최소 단위가 있다는 주장들이 여기에 포함된다.

피론주의자는 이 항목들을 때로는 같은 종류끼리, 때로는 다른 종류와 대비하기도 한다. 예컨대 관습과 관습이 서로 대립한다. 에티오피아인들은 아기에게 문신을 새기지만, 그리스인들은 그렇지 않다. 페르시아인들은 발목까지 내려오는 화려한 옷차림을 품위 있게 여기지만, 그리스인들은 그렇게 생각하지 않는다. 인도인들은 공공장소에서 성행위를 하지만, 대부분 다른 민족들은 이를 수치스러운 행위로 본다. 법과 법도 대립한다. 로마에서는 부친의 유산을 포기하면 부친의 빚까지 면제받지만, 로도스에서는 빚을 반드시 갚아야 한다. 스키타이의 타우리족은 이방인을 아르테미스에게 희생제물로 바치지만, 그리스 사회에서는 신전에서 사람을 죽이는 것이 금지된다. 생활 방식 사이에도 갈등이 있다. 디오게네스의 생활 방식과 아리스티포스의 생활 방식, 라코니아인의 생활 방식과 이탈리아인의 생활 방식이 서로 다르다. 신화적 믿음끼리도 충돌한다. 어떤 지역에서는 인간과 신들의 아버지가 제우스라고 믿지만, 다른 지역에서는 "신들의 근원은 오케아노스와 어머니인 테티스"(『일리아스』 14권 201행)라고 믿는다. 독단적 신조도 대립한다. 어떤 이들은 원소가 하나뿐이라고 주장하는 반면, 다른 이들은 무한히 많다고 주장한다. 영혼이 죽는다고 보는 사람이 있는가 하면, 불멸이라고 보는 이도 있다. 세상만사가 신의 섭리에 의해 이루어진다고 보는 사람들도 있고, 그렇지 않다고 보는 이들도 있다.

우리는 관습을 다른 항목과 대립시키기도 한다. 관습과 법을 대립시키는 경우는 다음과 같다. 페르시아에서는 남색이 관습이지만, 로마에서는 법으로 금지되어 있다. 그리스 사회에서는 간통이 금지되어 있지만, 크니도스의 에우독소스가 기록한 여행기 1권에 따르면 마사게타이족에게는 간통이 관습적으로 받아들여진다. 그리스 사회에서는 어머니와의 성관계가 금지되어 있지만, 페르시아에서는 모자 간 결혼이 흔하다. 이집트인들 중에는 누이와 결혼하는 경우도 있는데, 이는 그리스 사회에서 법으로 금지되어 있다. 관습을 생활 방식과 대립시키는 경우도 있다. 사람들은 대부분 남이 보지 않는 곳에서 성행위를 하지만, 견유주의 철학자 크라테스는 공공연한 장소에서 아내 히파르키아와 성행위를 했다. 디오게네스는 어깨를 드러내고 다녔지만, 사람들은 보통 옷을 입는다. 관습과 신화적 믿음도 대립한다. 신화에서는 크로노스가 자기 자식을 잡아먹었다고 하지만, 인간의 관습은 아이를 보살핀다. 또한 사람들은 흔히 신을 선하고 악에서 자유로운 존재로 숭배하지만, 시인들은 신들이 서로 상처 입히고 질투하는 존재로 묘사한다. 관습과 독단적 견해도 충돌한다. 사람들은 신에게 좋은 것을 달라고 기원하는 것이 관습이지만, 에피쿠로스는 신이 인간에게 관심이 없다고 말했다. 아리스티포스는 남자가 여장하는 것을 대수롭지 않게 여겼지만, 보통 사람들은 이를 부끄럽게 여긴다. 생활 방식과 법도 대립한다. 자유민이나 귀족에게 폭력을 행사하는 것은 법으로 금지되어 있지만, 판크라티온* 선수들은 생활 방식 때문에 서로를 때린다. 살인은 금지되어 있어도, 검투사들은 판크라티온 선수와 같은 이유로 서로 죽인다. 신화적 믿음과 생활 방식도 대립한다. 신화에서 헤라클레스는 옴팔레의 집에서 양털을 깎고 노예 생활을 견뎌냈다고 하지만, 그의 생활 방식은 고결했다. 생활 방식과 독단적 신조도 충돌한다. 운동선수들은 명성을 좋게 여기기에 고된 생활 방식을 택하지만, 많은 철학자는 명성이 해롭다고 독단적으로 주장한다. 법과 신화적 믿음도 대립한다. 시인들은 신들이 간통과 남색을 일삼는다고 묘사하지만, 그리스 사회는 이를 법으로 금지한다. 법과 독단적 신조도 충돌한다. 크리시포스학파는 어머니나 누이와의 성관계를 대수롭지 않게 여겼지만, 그리스 사회는 이를 법으로 금

---

* 팔레(레슬링), 피그메(권투)와 더불어 고대 그리스의 3대 투기 종목 중 하나로 상대가 죽거나 항복할 때까지 경기가 진행되었다.

지한다. 신화적 믿음과 독단적 신조 역시 대립한다. 시인들은 제우스가 인간 세계로 내려와 여인들과 관계를 맺었다고 하지만, 독단주의자들은 이를 불가능하다고 본다. 호메로스는 또한 제우스가 사르페돈 때문에 슬퍼서 "땅 위에 피 비를 쏟았다"(『일리아스』 16권 459행)고 표현했지만, 철학자들의 독단적 신조에 따르면 신은 감정에 초연한 존재이다. 철학자들은 켄타우로스 신화는 부정하면서도, 존재하지 않는 것의 전형적인 사례로 켄타우로스를 든다.

이와 같은 대립 사례는 훨씬 더 많지만, 개요에서는 이 정도만 다루어도 충분할 것이다. 어쨌든 이 방식을 통해 '사실들' 사이에 많은 모순이 드러났으므로, 어떤 외부 대상이나 상황이 본질적으로 어떠한지 말할 수 없다. 다만 그것이 특정한 생활 방식·법·관습 등과의 관계에서 어떻게 보이는지만 알 수 있을 뿐이다. 이처럼 열 가지 방식을 통해 피론주의자는 결국 판단을 유보할 수밖에 없게 된다.

다섯 가지 논증 방식

앞서 소개한 열 가지 논증 방식은 피론주의가 활용하는 대표적인 도구이지만, 이것들만 있는 것은 아닙니다. 최근의 피론주의자들은 다섯 가지 논증 방식을 정리했고, 또 어떤 이들은 두 가지로 요약하기도 한다. 방식의 수가 많든 적든, 이 논법들의 목적은 동일하다. 그것은 바로 사물이나 주장의 본질에 대해 성급하게 단정하지 않고, 판단을 유보하게 만드는 것이다.

아그리파스(Agrippas)가 제시한 다섯 가지 방식은 다음과 같다. 첫째는 상이성(불일치·의견 대립)에 근거한 방식이다. 동일한 문제를 두고도 사람들은 다양한 의견을 내며, 오랜 논쟁에도 불구하고 결론이 나지 않는다. 어떤 이는 신의 존재를 주장하지만, 어떤 이는 이를 부정한다. 철학자들도 무엇이 본질적으로 선한가에 대해 견해가 갈린다. 이처럼 합의에 이르지 못하므로, 어느 쪽이 옳은지 확정할 수 없어 판단을 유보하게 된다.

둘째는 무한 후퇴에 근거한 방식이다. 어떤 주장을 증명하려고 항상 근거를 물으면, 그 근거 역시 또 다른 근거를 요구하게 되고, 이런 방식으로 근거의 요구가 끝없이 이어진다. 그렇다면 결코 모든 논증의 궁극적 시작점에 도달할 수 없으므로, 판단을 유보한다.

셋째는 관계성에 근거한 방식이다. 사물이나 주장은 언제나 어떤 조건·비교·관계 속에서만 드러난다. 예를 들어 '뜨겁다'는 성질도 차가운 것과 비교될 때 의미를 갖고, 소금물은 마시는 상황에 따라 해롭기도 하고, 상처 소독에 유용하기도 하다. 모든 인식과 평가는 특정 조건이나 관계 속에서만 성립하므로, 사물의 본질이나 주장의 진위를 절대적으로 확정할 수 없다.

넷째는 가정에 의거한 방식이다. 논증 과정에서 더 이상 이유나 근거를 제시하지 못할 때 '그렇다고 가정하자'며 멈춰 버린다. 하지만 근거 없이 설정한 전제는 신뢰할 만한 기초가 되지 않는다.

다섯째는 순환논증에 의거한 방식이다. 어떤 주장을 뒷받침하는 논거가 다시 그 주장이 참임을 전제하는 구조를 말한다. 예컨대 신의 존재를 계시로 증명한다고 주장하면서 그 계시의 타당성은 다시 신의 존재를 전제로 삼는 경우는 순환논증의 오류에 해당한다.

이 다섯 가지 방식은 앞서 말한 열 가지 방식의 핵심 성분을 보다 간결하고 체계적으로 정리한 것이다. 이 논증들은 독단주의자들의 성급한 단정과 참된 지식의 불가능성을 더욱 설득력 있게 논박하는 데 사용된다. 피론주의자들은 이러한 논증 방식들을 통해 다음과 같은 공통 결론에 이른다. 그 어떤 주장도 의견의 불일치, 끝없는 근거의 요구, 경험의 상대성, 근거 없는 가정 그리고 순환논증이라는 한계에 부딪히며, 결국 피론주의자는 속단하지 않고 판단을 유보하게 된다. 이렇게 판단을 유보하는 태도는 피론주의자가 강조하는 마음의 평정을 가져온다. 만일 누군가가 무엇이 본질적으로 좋거나 나쁘다고 믿는다면, 그것을 얻거나 잃는 데 집착하여 불안과 고통에 시달리기 쉽다. 그러나 단정하지 않고 단지 사물이 지금 이렇게 보일 뿐이라고 받아들이면 마음이 한결 가벼워지고 고요해진다.

두 가지 논증 방식

피론주의자들은 또한 판단 유보를 끌어내는 두 가지 방식을 더 알려준다. 인간이 무언가를 파악한다면, 그것은 스스로를 통해 파악되거나 혹은 다른 무엇을 통해 파악되는 것일 텐데, 이 두 가지 경우가 모두 불가능하다는 점을 보임으로써 모든 것에 대해 아포리아(aporia, 철학적 난점)를 제기할 수 있다고 주장한다. 먼저 피론주의자들은 어떤 것도 스스로를 통해 파악될 수 없다고 말한다. 자연철학자들 사이에서 감각 대상뿐만 아니라 사유 대상 전체에 대해서도 끝없는 논쟁이 벌어지고 있다. 그러나 이런 논쟁은 결코 해결될 수 없는데, 어느 한 감각 대상이나 사유 대상을 기준으로 삼을 수 없기 때문이다. 만약 어떤 것을 기준으로 삼으려 한다면, 그것 자체가 또 다른 논쟁에 휘말려 신뢰할 수 없게 된다. 또한, 어떤 대상을 오직 다른 무엇을 통해서만 파악할 수 있다는 주장도 성립하지 않는다. 만약 그럴 경우, 끝없이 되풀이되는 무한 후퇴나 제자리를 맴도는 순환논증에 빠질 수밖에 없다. 만약 누군가 "다른 것을 통해 무언가를 파악할 수 있다"고 주장하면서, 그 '다른 것'은 스스로를 통해 파악된다고 한다면, 그는 다시 첫 번째 문제, 즉 어떤 것도 스스로를 통해 파악될 수 없다는 난점에 직면하게 된다. 결국 어떤 것도 파악할 수 없게 된다. 그것이 스스로를 통해서든, 혹은 다른 것을 통해서든 말이다. 왜냐하면 진리나 인식을 위한 확실한 기준이 드러나 있지 않기 때문이다. 아울러 후속 논의에서 보겠지만 '증명'과는 별개로 '징표'라는 개념마저도 폐기되므로, 판단을 유보하게 만드는 여러 방식에 대한 논의는 이것으로 마친다.

3

피론주의자의 표현과 사유 방식

피론주의의 표현들

앞서 살펴본 여러 논증 방식이나 판단 유보에 이르게 하는 이유들을 사용할 때, 피론주의자는 회의적 태도와 정서를 드러내는 몇 가지 상투적 표현을 쓰곤 한다. 피론주의의 주요 표현들은 기본적으로 어떠한 사항에 대해 확정적 단정을 피하고 판단을 유보하는 철학적 태도를 드러낸다. 이러한 표현들은 피론주의자들의 인식론적 태도와 방법론을 간결하게 보여 주는 '슬로건'으로, 사유의 방향성을 독자에게 쉽게 전달하는 역할을 한다.

쉽게 단언하지 않는다는 것이 피론주의자의 가장 근본적인 태도이다. 피론주의자는 어떤 주장도 단정하지 않고 말을 삼가며 신중하게 표현한다. '아마도', '어쩌면', '그럴 수 있다' 등과 같이 불확실성을 드러내는 완곡어법을 사용하여 판단을 유보하며, 열린 태도를 보인다. 피론주의자는 '동의하지 않는다'는 말보다 '동의를 보류한다'는 표현을 선호하는데, 이는 확실한 증거나 논증이 없으므로 적극적으로 동의하지 않겠다는 태도를 나타낸다. '나는 아무것도 판단하지 않는다'는 표현은 성급하게 결론을 내리지 않고 중립을 유지하는 자세를 의미한다. 이에 덧붙여 '모든 것이 불확실하다'는 표현을 통해 모든 사물이나 주장이 본질적으로 확정되지 않았음을 강조한다. 확실한 기준이 없으므로 단정할 수 없다는 입장을 표명하는 것이다. '어떤 것도 인식할 수 없다'는 선언은 인간이 완전히 파악하거나 이해할 수 없는 인식의 한계를 인정하며, 모든 인식 대상에 대해 절대적 확신이나 단정을 회피한다. 이처럼 언제나 모호함을 인정하는 태도가 피론주의의 핵심이다. 마지막으로 '모든 주장에는 그에 맞서는 동등한 반대 주장이 있다'는 표현은 피론주의의 대표적 논증 방식이라 할 수 있다. 어떤 주장도 독단적으로 확신할 수 없으며, 반대 주장 역시 같은 설득력을 지니므로 결론에 이르지 못하는 것이다.

여기에 더해, 피론주의자가 즐겨 사용하는 또 다른 표현법으로 '내가 보기에 그렇다'가 있다. 외부 사물이나 현상에 대해 '실제로 그렇다'고 단언하기보다, 현재 자기에게 나타나는 현상만을 언어적으로 표현한다. 예를 들어 "벌꿀은 나에게 달게 느껴진다. 하지만 벌꿀이 실제로 달다고 할 수는 없다"는 식이다. 이런 언어적 관습은 개인의 경험과 상황 그리고 타인이나 조건에 따라 인식이 얼마든지 달라질 수 있음을 인정하는 전제로 작동한다. 또한 피론주의자는 열 가지 논증 방식이나 다섯 가지 논증 방식 등 체계적인 방법을 사용하여 상반되는 주장에 대해 동등한 반박을 시도한다. 이를 통해 모든 주장과 반대 주장이 논리적으로 균형을 이루어 진리를 단정하기 어렵다는 사실을 구체적으로 드러낸다. 이러한 논박 방식은 단순한 의심이 아니라, 집요한 연구와 탐구 속에서 균형 상태에 도달하게 하는 실천적 도구라 할 수 있다.

피론주의자의 표현법은 마음의 평정을 궁극적인 목표로 삼는다. 판단을 중지하고 독단적 신조를 버림으로써 불필요한 집착이나 근심에서 자유로워지며, 마음이 평온해진다. 이러한 언어적 표현과 철학적 태도는 모두 진리에 대한 독단적 확신을 유보하는 데 그 의미가 있다. 아울러 피론주의자는 사물의 불확정성과 유동성에 주목한다. 외부 세계의 성질은 본질적으로 불확실하며 끊임없이 변하기 때문에, "사물의 본질을 정확히 인식할 수 없다", "상황과 관점에 따라 사물은 다르게 드러난다" 같은 표현을 즐겨 쓴다. 이러한 태도는 단정적 판단을 거부하는 피론주의자의 철학적 입장을 한층 더 분명하게 드러낸다.

여기까지 소개한 표현들만으로도 피론주의의 언어와 태도를 이해하기에 충분하다고 본다. 모든 피론주의의 표현에 대해 반드시 알아야 할 점은, 피론주의자들은 이 표현들이 절대적으로 옳다고 확고히 주장하지 않는다는 것이다. 특히, 이러한 표현들은 자기모순에 빠지거나 자신에 의해 반박될 가능성도 있다. 이는 설사약이 몸속의 해로운 물질뿐 아니라, 그 자체도 몸 밖으로 배출하는 것과 비슷하다. 또한 피론주의자는 이 표현들이 명확한 규정을 제시한다고 보지 않는다. 상당수가 불명확하며, 필요하다면 엄밀히 말해 정확하지 않게 사용한다. 이는 피론주의자의 태도인데, 피론주의자는 단어 하나를 두고 다투는 것이 적절치 않다고 보기 때문이다. 더욱이 이러한 표현을 모든 대상에 무차별적으로 적용하지 않는다. 오직 불확실하고 독단적으로 탐구되는 특정 주제에 대해서만 사용한다. 마지막으로, 피론주의자가 말하는 것은 단지 자신에게 그렇게 보이는 표상일 뿐, 그 대상의 본질에 대해 확고하게 주장하는 것은 아니다. 이러한 점들을 명확히 이해하면, 피론주의의 표현에 대해 제기될 어떤 궤변도 충분히 반박할 수 있을 것이다. 이렇듯 피론주의자의 언어와 사유 방식은 혼란이나 무능력의 표현이 아니라 철저한 성찰과 끝없는 탐구 그리고 마음의 평정을 찾기 위한 철학적 실천이다.

피론주의와 다른 철학의 차이점

피론주의자들은 자신이 경험하는 현상만을 인정할 뿐, 그 이면에 존재한다고 여겨지는 본질적 실재에 대해서는 판단을 유보한다. 이런 점에서 여러 철학 학파들과 뚜렷이 구별된다. 우선 클레이토스학파, 특히 소크라테스와는 차이가 크다. 소크라테스는 절대적 진리와 보편적 정의를 추구하며, 이성적 사유를 통해 참된 지식을 얻으려 했다. 그는 '나는 내가 아무것도 모른다는 것을 안다'는 '무지의 지'를 강조하며, 대화를 통해 상대방이 스스로 모순을 인식하도록 이끌었다. 또한 정신적 가치를 물질적 가치보다 우위에 두었고, 고의적 악행은 무지에서 비롯된 것이라고 보았다. 반면, 피론주의는 모든 독단적 진리 인정에 반대하며, 모든 주장에 대해 판단을 유보하고 끊임없이 탐구하는 태도를 유지한다. 확실한 지식에 이르기보다는 '지금 현재 나에게 이렇게 보일 뿐'이라는 태도를 견지한다.

데모크리토스학파는 꿀의 단맛이 사람마다 다르게 느껴진다는 점을 들어, 꿀 자체는 달콤하거나 씁쓸하지 않다고 추론하는 등 피론주의와 유사한 논증 방식을 쓴다. 피론주의의 대표 표현인 "어느 한쪽이 더 낫다고 할 수 없다"도 사용하기는 하나, 그 의미와 용법은 다르다. 데모크리토스학파는 두 주장 중 어느 것도 사실이 아니라고 단정하는 반면, 피론주의자는 양쪽 인식 모두 진실일 수도 있고 아닐 수도 있으며, 정확히 알 수 없다는 태도를 보인다. 데모크리토스학파는 세계가 원자와 공허로 구성되어 있다는 물질적 확신 아래 현상을 해석하지만, 피론주의는 그러한 확신을 거부하며 오직 인식되는 현상에 대해서만 말하고 그 구성에 관해서는 '모른다'고 말한다.

피론주의는 에피쿠로스학파와도 다르다. 에피쿠로스학파는 쾌락과 고통을 사물의 본성과 연결 지어 설명하려 했으나, 피론주의자는 쾌락과 고통 역시 단순한 현상으로 보고 그것을 사물의 본질과 동일시하지는 않는다.

프로타고라스는 "인간은 만물의 척도"라며, 사물이 각 개인에게 어떻게 인식되는지가 곧 그 사물의 본성이라고 주장한다. 반면 피론주의자는 '사물은 나에게 이렇게 보인다'는 사실만을 인정하며, 이 인식을 사물의 본성으로 확정하지는 않는다.

아카데미아학파의 회의주의와 피론주의는 외형적으로 비슷하지만 본질에서는 크게 다르다. 아카데미아학파는 "사물은 본질적으로 파악 불가능하다"는 명제를 확고히 받아들이는 반면, 피론주의자는 "사물은 지금 나에게 이렇게 보일 뿐"이며 그 본질이 꼭 파악 불가능하다고 단정하지 않는다. 아카데미아학파는 어떤 시각이 다른 시각보다 더 설득력 있다고 그것을 선호하는 반면, 피론주의자는 어떠한 우위도 인정하지 않고 단지 현상을 있는 그대로 받아들인다. 또한 아카데미아학파의 "나는 알지 못한다"는 말은 언뜻 겸손해 보이나, 사실은 "내가 알지 못한다는 사실마저 확실히 안다"는 자기 확신을 내포하는 단언이다. 반면 피론주의자는 "내게는 그렇게 보이지 않는다" 혹은 "참인지 거짓인지 알 수 없다"는 식으로만 말하며 판단을 유보한다. 결국 아카데미아학파는 '알 수 없음' 자체를 신조처럼 받아들이지만, 피론주의자는 신조 없이 일관되게 '판단 유보'의 태도를 유지하며 현상을 현상으로만 수용한다.

의학적 경험주의는 피론주의와 같은가

어떤 사람들은 의학적 경험주의가 피론주의 철학

과 동일하다고 말하지만, 이는 사실이 아니다. 경험주의는 불명확한 사물의 인식 불가능성을 확고히 주장하는 데 반해, 피론주의는 그렇지 않기 때문이다. 피론주의자라면 그러한 확정적 체계를 따르지 않을 것이다. 오히려 나는 피론주의자가 고대 그리스·로마 시대의 의학 사상의 한 분파인 '방법론학파'(Methodic school)를 더 적절히 따른다고 본다. 이 학파만이 불명확한 것들의 인식 가능 여부에 대해 섣불리 단언하지 않고, 피론주의자들과 마찬가지로 겉으로 드러나는 표상에 근거해 유용해 보이는 것을 취하기 때문이다. 앞서 말했듯, 피론주의자가 살아가는 일상에는 네 가지 차원이 있다. 첫째 자연의 이끌림, 둘째 감각의 욕구, 셋째 법과 관습의 전통, 넷째 기술적 지식이다. 예를 들어, 사람이 목이 마르면 자연스레 물을 마시고, 배가 고프면 음식을 먹는 것처럼, 감각의 충동에 따라 행동한다. 마찬가지로 방법론학파 의사도 추위로 경련하는 사람에게는 몸을 따뜻하게 해 주고, 과도하게 땀을

흘리는 사람은 찬 공기로 식혀 주는 등 감각 상태에 맞는 적절한 처치를 한다. 이는 본능적으로 불편한 상태에서 벗어나게 하려는 반응이다. 개가 발에 가시가 박히면 그것을 빼내려 하는 것과 같다. 따라서 방법론학파 의사들의 치료법은 자연적이든 비자연적이든 감각의 요구에 따른 반응이며, 이런 점에서 피론주의자의 생활 태도와 닮았다. 또한 두 입장은 비독단적이고 유연한 언어 사용에서 공통점을 보인다. 피론주의자가 "나는 아무것도 단정하지 않는다" 혹은 "나는 아무것도 인식하지 않는다"라고 독단적이지 않은 태도로 말하듯, 방법론학파 의사도 '일반적 특징'이나 '만연하다' 같은 용어를 단순하고 겸손하게 사용한다. '지시'라는 말도 독단주의적으로 쓰지 않는데, 이는 겉으로 드러나는 감각 상태에 맞춰 적절한 치료로 이끄는 지침을 줄여 쓴 표현에 불과하다. 이러한 점은 앞서 언급한 목마름과 배고픔 사례와 유사하다. 이런 특징을 바탕으로 방법론학파 의학은 피론주의와 공통점이 있다고 할 수 있다. 실제로 방법론학파 자체만 보아도 피론주의와 닮았으며, 다른 의학 학파들과 비교하면 더욱 그러하다.

피론주의자는 독단주의자들의 주장에 문제를 제기할 수 있는가?

이 책의 탐구가 독단주의자를 대상으로 하고 있으므로, '철학'의 각 부분을 간략히 살펴보기 전에 독단주의자들이 제기하는 반론에 답할 필요가 있다. 독단주의자들은 "피론주의자들은 우리가 독단적으로 다루는 사안을 문제 삼거나 이해할 자격이 없다"고 주장한다.

그들의 논리는 이렇다. 피론주의자는 독단주의자의 말을 이해했거나 이해하지 못했거나 둘 중 하나다. 만약 이해했다면, 자신이 이해했다고 주장하는 내용에 대해 어떻게 다시 의문을 가질 수 있겠느냐는 것이다. 반대로 이해하지 못했다면, 자신이 이해하지 못한 내용을 어떻게 논할 수 있느냐는 것이다. 예컨대 '핵심 요점'이나 '논리적 전제의 중요한 변화'를 모르는 사람은 그 내용에 대해 토론할 수 없듯이, 독단주의자의 개별 주장을 이해하지 못하는 피론주의자는 그것을 반박할 수 없다는 것이다. 따라서 독단주의자들은 피론주의자가 자신들의 주장에 의문을 제기할 수 없다고 결론짓는다.

이제 그들이 말하는 '이해한다'는 것이 무엇을 의미하는지 살펴보자. 그것이 단순히 논의 대상에 대한 사유 행위인지, 아니면 '대상을 사유하는 동시에 그것이 실재한다고 확정하는 것'인지 말이다. 만약 그들이 '이해'를 '지각된 표상'에 동의하는 것으로 본다면, 지각된 표상은 '실재하는 대상이나 상황으로부터 생겨나고, 그러한 대상에 맞게 마음에 새겨지며, 실재하지 않는 대상에서는 생겨날 수 없는 인상'을 뜻한다. 이런 정의에 따르면, 독단주의자 자신도 '이해하지 못한 것'에 대해 의문을 제기하기 어려울 것이다. 예를 들어 에피쿠로스학파의 '존재는 나눌 수 있다', '신은 우주의 사건을 예지하지 못한다', '쾌락은 좋은 것이다' 등의 주장에 대해 스토아학파가 반론을 제기할 때, 그들은 그 주장을 이해했는가, 아니면 이해하지 못했는가? 만약 이해했다면, 그러한 상태의 존재를 인정하는 셈이므로 스토아학파의 주장을 스스로 부정하는 꼴이 된다. 그러나 이해하지 못했다면, 그 주장에 대해 어떠한 의문도 제기할 수 없다. 이는 모든 학파에 적용되는 논리로, 자신과 다른 견해를 반박하려면 먼저 그 견해를 이해해야 한다는 말이다.

좀 더 진지하게 말하면, '이해하지 못한 것에 대해 의문 제기가 불가능하다'고 인정하는 순간, 모든 독단주의 철학은 스스로 무너지고 오히려 피론주의 철학이 확고히 설 자리가 생긴다. 왜냐하면 독단주의자는 자명하지 않은 문제에 대해 자명하지 않은 내용을 토대로 논쟁을 이어 왔으므로, 그 내용을 확실히 이해했다고 단언할 수 없기 때문이다. 만약 이해했다고 하면, '탐구'와 '이해'가 서로 순환적으로 전제되는 순환논증에 빠지게 되어 모순된다.

반면, 독단주의자들이 말하는 '이해'가 좀더 약한 의미, 즉 '어떤 전제 없이 단순히 개념을 형성하는 것'이라면 판단을 유보하는 사람도 자명하지 않은 것들의 실재 여부를 탐구할 수 있다. 피론주의자는 토론 과정에서 자신의 인식에 따라 형성된 개념을 비독단적으로 받아들일 수 있다. 대상이 반드시 존재해야만 그러한 개념이 생기는 것은 아니기 때문이다. 독단주의자의 주장대로 존재하는 것뿐 아니라 존재하지 않는 것에 대해서도 개념을 형성한다. 따라서 판단을 유보하는 사람은 개념을 형성하며 탐구하는 동안에도 회의적 태도를 유지한다. 피론주의자는 단순히 자신이 인지한 표상에 동의할 뿐, 그것이 대상의 본질이라고 확언하지 않는다. 그러나 이 경우에도 독단주의자는 여전히 탐구가 어렵다. 이미 '어떠한 대상의 본질을 정확히 알고 있다'고 확신하기에 탐구를 끝냈다고 생각해 더 이상의 탐구를 무의미하게 여긴다. 반면 대상의 본질을 알지 못한다고 인정하는 사람은 '아직 사실을 찾지 못했다'는 전제로 탐구를 계속한다.

 이제, 이른바 '철학'의 각 부분을 간략히 살펴보려 한다. 철학의 구성에 대해서는 독단주의자들 사이에서도 많은 논쟁이 있다. 어떤 이는 철학이 하나의 영역이라고 주장하고, 또 어떤 이는 두 개 또는 세 개의 부분으로 나뉜다고 주장한다. 여기서는 길게 다루지 않고, 가장 철저하게 고민한 이들의 견해를 바탕으로 논의를 이어 가겠다.

어디서부터 독단주의자들에 대한 비판을 시작해야 하는가

스토아학파를 비롯한 몇몇 학파는 철학을 논리학·자연학·윤리학의 세 부분으로 나눈다. 이 세 부분 가운데 어디서부터 비판을 시작할지에 대한 논쟁이 있었지만, 그들은 대체로 논리학부터 가르쳤다. 나는 어떠한 신조에도 동의하지 않은 채 이들의 구성을 따라가 보려 한다. 세 부분에서 논의되는 내용들은 모두 검토와 기준이 필요하며, 기준에 대한 논의는 논리학의 영역에 속하므로, 기준에 관한 논의와 함께 논리학부터 시작하는 것이 적절하다. '기준'이라는 말은 크게 두 가지 분야로 나뉜다. 첫째는 존재와 비존재에 관한 문제를 판단하는 근거이며, 둘째는 삶을 어떤 원칙에 따라 영위할 것인가의 문제다. 삶의 기준에 관한 내용은 이미 이전 논의에서 다루었으므로, 이제는 흔히 '진리의 기준'이라 불리는 것에 집중할 차례다.

기준은 세 가지 뜻으로 쓰인다. 가장 넓은 의미로는 무엇이든 '사물을 파악하는 표준'을 뜻하며. 시력과 같은 신체적 능력도 포함한다. 좀더 좁은 의미로는 기술적 파악의 표준, 예컨대 석수의 자와 먹줄처럼 측정 도구를 가리킨다. 가장 좁은 의미에서는 드러나지 않은 대상이나 상태를 파악하기 위한 기술적 표준을 뜻한다. 이 범주에서는 일상생활의 표준이 아니라, 오직 논리학적 기준과 독단주의자들이 진리를 판정하는 데 적용하는 기준만을 '기준'이라 부른다. 따라서 논리적 기준에 관한 논의부터 시작하겠다. 논리적 기준도 세 가지로 나뉜다. '누가'가 판단하는가(주체), '무엇'으로 판단하는가(수단) 그리고 '어떤 근거'로 판단하는가(방법)가 그것이다. '누가'의 기준은 인간이며, '무엇'에 의한 판단은 감각이나 지성(이성)에 근거한다. '어떤 근거'란 인간이 감각이나 지성을 통해 판단에 이르려 할 때 표상이 어떻게 작용하는가를 뜻한다.

이런 설명을 미리 제시한 후, 자신들이 이미 진리의 기준을 정확히 안다고 성급하게 주장하는 이들을 먼저 반박하는 논쟁을 시작하려 한다.

진리를 가려낼 기준이 있는가?

철학자들은 오랫동안 '무엇이 참이고 거짓인지를 판별할 확실한 기준, 즉 진리의 기준이 존재하는가?'라는 문제를 다루었다. 그런데 피론주의자들은 진리의 기준 자체가 과연 성립할 수 있는지부터 의심한다. 만약 어떤 기준이 있다고 가정하자. 그렇다면 그 기준이 신뢰할 만하다는 사실은 어떻게 알 수 있을까? 또 다른 기준이 필요하다면, 그 기준 역시 검증되어야 하는데, 이 과정은 끝없이 반복된다. 반대로 처음 기준을 그대로 받아들여 정당화하려 한다면, 결국 제자리걸음 하는 순환논증에 빠진다. 그래서 진리를 확정적으로 판별하는 기준을 세우려는 시도는 끝내 자기모순이나 무한 후퇴에 빠지고 만다. 이 때문에 피론주의자들은 절대적 진리 기준이 있다고 보기 어렵다고 주장한다.

흔히 사람들은 참과 거짓을 판별하려면 어떤 기준이 꼭 필요하다고 생각한다. 하지만 피론주의자들은 그 기준이 정말 존재할 수 있는지 문제를 제기한다. 이를 명확히 하고자 세 가지 관점에서 살펴본다. 첫째 '누가' 진리를 판단하는가? 둘째, '무엇'으로 판단하는가? 셋째, '어떤 근거'로 판단하는가?

먼저, 누가 진리를 판단할 수 있는지 생각해 보자. 누군가는 철학자나 현자가 그 역할을 한다고 하지만, 그들 사이에서도 의견은 갈린다. 스토아학파는 확실히 안다고 주장하고, 에피쿠로스학파는 감각 표상을 중시하며 다른 입장을 취한다. 플라톤학파는 눈에 보이지 않는 이데아를 내세우지만, 다른 이들은 이를 헛된 공상이라 비웃는다. 이런 상반된 주장들 중 어느 쪽이 옳은지 쉽게 알 수 있을까? 권위 있는 신탁이나 계시도 때로는 모호하며, 사람마다 다르게 해석하여 오히려 논쟁을 유발한다. 결국 '누가' 진리의 심판자가 되는지 확신하기 어렵다.

다음으로, 어떤 수단으로 진리를 판별할 수 있는지 보자. 감각에 의존할 수 있을까? 그러나 감각 표상은 자주 사람들을 속인다. 예를 들어, 물속에 잠긴 노는 굽어 보이고, 멀리 있는 탑은 실제보다 작아 보인다. 같은 대상도 사람마다 다르게 인식한다. 배가 흔들릴 때 지평선이 요동치는 것처럼 보이는 반면 육지에 있는 사람에게는 그대로 보인다. 이런 식으로 감각은 서로 모순되고 오류도 빈번히 생긴다. 그렇다면 이성은 어떠한가? 철학의 역사를 보면, 이성의 판단도 늘 일치하지 않았고, 끊임없이 논쟁을 불러일으켰다. 만약 이성의 논증이 언제나 확실했다면 그렇게 많은 학설이 생겨나지 않았을 것이다. 그렇다면 감각과 이성을 결합하면 나아질까? 그렇지 않다. 믿음직하지 않은 것끼리 결합한다고 믿을 수 있는 결과가 나오는 것은 아니다. 따라서 참을 확실히 가려낼 만한 수단은 없다.

마지막으로, 진리의 기준을 판별할 근거가 있는지 보자. 많은 사람은 명백성·자명성·일치성 등을 기준이라 생각한다. 그러나 이 기준들 또한 피론주의자의 질문을 피할 수 없다. 무엇이 명백한지 누가, 어떤 근거로 정하는가? 자명성이 진리의 표지라면, 그것이 진짜 자명한지 확인하는 데 또 다른 기준이 필요하지 않은가? 일치성도 마찬가지다. 여러 감각이나 여러 사람의 인식이 일치한다고 해서 반드시 진리라는 보장은 없다. 모두 같은 착각에 빠질 수도 있다.

이처럼 생각하면 두 가지 문제가 드러난다. 하나는 무한 후퇴로, 어떤 기준을 세우면 그것을 검증할 새로운 기준이 필요해 이 과정이 끝없이 반복된다.

또 하나는 순환논증으로, 어떤 기준을 정당화하려 그 기준 자체를 전제하는 모순에 빠진다. 어느 쪽이든, 절대적이고 확고한 기준을 찾는 일은 막힐 수밖에 없다. 따라서 피론주의자는 "진리를 판별하는 절대 기준은 없다"고 결론짓는다. 누가 판단하든, 어떤 수단을 쓰든, 어떤 근거를 들든 결국 무한 후퇴나 순환논증에서 벗어날 수 없기 때문이다. 이런 상황에서 취할 수 있는 가장 합리적인 태도는 판단을 유보하는 것이다. 왜냐하면 어떤 기준도 자신을 입증하지 못하며, 참을 구별할 수 있는 절대적 기준은 없기 때문이다.

'진리'란 무엇이며, 본래부터 참인 것이 있는가?
피론주의자들은 사람들이 흔히 말하는 '참된 것'(the true)과 '진리'(truth)라는 것이 실제로 존재하는지에 관한 문제를 제기한다. 만약 존재한다면, 그것은 어떤 모습이며, 그것을 확실히 파악할 수 있을까?

우선 '참된 것'이라 불리는 것은 보통 사실에 부합하는 진술을 의미한다. 하지만 여기에는 즉각적인 어려움이 있다. 참된 진술은 어떤 대상을 가리키는데, 그 대상이 어떤 성질을 갖는지 알 수 없다면 그 진술을 확정할 수 없다. 예컨대 '이것은 흰색이다'라는 명제가 참이 되려면, '이것'이 무엇인지, 실제로 흰색인지 알아야 한다. 하지만 사람들이 보는 흰색은 빛과 시각 조건에 따라 다르며, 누가 보느냐에 따라서도 달라진다. 그러므로 그 명제가 '참'이라고 단정할 수 있는가? 결국 '참된 것'이라 일컫는 것도 상대적이며, 각 사람의 감각과 판단에 따라 달라진다.

그렇다면 '진리'란 무엇인가? 진리는 참된 명제들의 총합이거나 그것을 가능케 하는 보편적 법칙을 뜻한다. 그러나 개별 명제가 불확실하다면 그 총합으로서의 '진리'도 불확실할 수밖에 없다. 집을 이루는 벽돌 하나하나가 튼튼하지 않다면 집이 견고할 수 없듯이, 참된 명제가 없으면 '진리'도 성립하지 않는다.

다음 질문은 '본래부터 참된 것이 존재하는가?' 이다. 만약 어떤 명제가 본질적으로 참이라면, 시간과 상황에 상관없이 항상 참이어야 한다. 그러나 실제 명제들은 특정 조건 아래에서만 참이다. 예컨대 '지금은 낮이다'라는 말은 한쪽에서는 참일지 몰라도 다른 곳에서는 거짓이며, '이 사람이 앉아 있다'는 말도 시간이 지나면 더 이상 참이 아니다. 이처럼 사람들이 내세우는 명제들은 언제나 상황에 따라 바뀌므로, 영원히 고정된 진리는 없다.

더 나아가 '본질적으로 참'이란 말은 누구에게나 자명해야 한다는 뜻인데, 피론주의자는 이런 '보편적 자명성' 자체를 의심한다. 세상에는 여러 종족과 문화가 존재하고, 사람들은 서로 다른 언어와 관습으로 세상을 이해한다. 어떤 이들에게 자명한 것이 다른 이들에게는 그렇지 않을 수 있다. 철학자들조차 같은 주제에 대해 정반대의 견해를 내놓는다. 이처럼 보편적 합의가 없는 상황에서 어떻게 '본질적으로 참'이라고 말할 수 있겠는가?

따라서 피론주의자의 결론은 이렇다. 사람들이 말하는 '참된 것'이나 '진리'는 언어와 관습이 만들어낸 임시적인 징표에 불과하며, 어떤 확고한 본질을 가리키지 않는다. 또한 본래부터, 곧 자연 그 자체로 참인 명제도 존재하지 않는다. 사람들이 할 수 있는 최선은 진리를 확신하는 태도를 버리고 끊임없이 의심하며 판단을 유보하는 것이다. 왜냐하면 확실하다 믿는 순간에도 또 다른 착각에 빠져 있을 수 있기 때문이다.

4

논리학에 대한 비판

징표

독단주의자들에 따르면, 논의 대상은 자명한 것과 자명하지 못한 것으로 나뉜다. 자명하지 못한 것은 다시 세 가지로 구분된다. 늘 자명하지 못한 것, 일시적으로 자명하지 못한 것 그리고 본질적으로 자명하지 못한 것이다.

자명한 것이란 '지금은 낮이다'처럼 직접 인식되는 것이다. 늘 자명하지 못한 것은 '별의 개수는 짝수다'처럼 처음부터 인식 범위에 포함되지 않는 것이다. 일시적으로 자명하지 못한 것은 본래 자명하지만 외적 요인으로 일시적으로 인식되지 않는 경우를 말한다. 예를 들어, 나는 '아테네시'를 알고 있지만 지금 이 순간 내 눈앞에 보이지 않는 상황이다. 본질적으로 자명하지 못한 것은 땀구멍처럼 직접 보이지 않지만 땀 등을 통해 존재를 짐작하는 경우이다. 독단주의자들은 자명한 것은 저절로 인식되므로 징표가 필요 없고, 늘 자명하지 못한 것은 절대 인식될 수 없기에 징표가 필요 없다고 본다. 반면에 일시적으로 자명하지 못한 것과 본질적으로 자명하지 못한 것은 각각 기억 징표와 지시 징표를 통해 인식된다고 주장한다.

기억 징표는 과거에 징표와 대상이 함께 관찰됐던 경험을 근거로 현재 대상이 보이지 않아도 징표만으로 과거 대상을 떠올리는 경우다. 예를 들어 연기를 보고 불이 났음을, 흉터를 보고 과거 상처를 추정하는 것이다. 지시 징표는 대상과 동시에 관찰된 적은 없으나, 징표 자체의 속성과 구조로 대상을 가리킨다고 여기는 경우이다. 예를 들어 '몸의 움직임이 영혼의 존재를 나타낸다'는 식이다. 독단주의자들은 지시 징표를 "참인 조건문에서 참인 선행 명제이며, 후행 명제를 드러내는 역할을 한다"라고 정의한다. 피론주의자는 두 가지 징표 중 일상에서 연기가 불을 나타내고 흉터가 상처를 일깨우는 기억 징표는 필수적이라고 신뢰하여 긍정한다. 다만 독단주의자들이 만든 개념인 지시 징표에는 반대한다. 이런 설명을 미리 하는 이유는, 여기서 다룰 쟁점이 지시 징표의 존재 자체가 아니라 그 존재를 둘러싼 찬반 논증이 팽팽하다는 점, 따라서 판단을 유보할 수밖에 없다는 점을 보여 주기 위함이다.

징표는 모두 자명하지 않을 수 있고, 모두 표상일 수도 있으며, 일부는 표상이고 일부는 자명하지 않을 수도 있다. 그러나 이 세 가지 경우 모두 논리적 모순에 빠진다. 첫째, 징표가 모두 자명하지 않다고 하면, 자명하지 않은 것은 다른 것을 통해 드러나야 한다. 그러면 무한히 징표를 거슬러 올라가야 하는 상황이 되므로 불가능하다. 둘째, 모든 징표가 표상이라고 하면, 징표와 그 대상이 동시에 파악되기에 대상도 표상이 된다. 이 경우 대상은 이미 자명하므로 징표가 필요 없게 된다. 셋째, 일부가 표상이고 일부가 자명하지 않다면, 표상인 징표의 대상은 이미 표상이므로 징표가 필요 없다. 자명하지 않은 징표는 또 다른 징표를 요구하며 끝없는 무한 후퇴에 빠진다. 만약 그것이 표상에 의해 드러난다면, 그 표상은 징표와 함께 파악되므로 앞서 말한 이유로 징표가 될 수 없다. 왜냐하면 본질적으로 자명하지 않으면서 동시에 표상인 것은 있을 수 없기 때문이다. 결과적으로 독단주의자들조차 이 세 가지 이외에는 다른 경우가 없다고 인정하므로, 징표는 존재하지 않는다. 이처럼 몇 가지 논증만으로도 '지시 징표는 존재하지 않는다'는 피론주의의 입장을 뒷받침하기에 충분하다.

징표의 존재를 둘러싼 논쟁에서, 징표가 존재한다고 주장하는 쪽의 논리도 살펴볼 필요가 있다. 징표에 반대하는 주장은 무엇을 의미할까? 만약 징표가 아무런 의미도 없다는 뜻이라면, 이는 징표의 존재 여부와는 무관한 문제다. 반면, 징표가 무언가를 의미한다면, 그것은 곧 징표가 존재한다는 뜻이다. 따라서 징표를 부정하는 논증이 타당하지 않으면, 징표가 없다는 것을 증명하지 못한다. 반대로 그 논증이 타당하다면, 이는 일종의 증명이며 증명도 징표의 한 형태이므로, 징표가 존재한다고 볼 수 있다. 이런 논리 때문에 결국 '징표가 있으면 징표가 있다', '징표가 없으면 징표가 있다'라는 순환논증처럼 보인다. 그러나 앞서 살펴본 정의에 따르면, 징표가 존재한다면 동시에 존재하지 않는 것이 된다. 이는 '징표는 상대적이며, 징표가 가리키는 대상이 분명히 드러나야 하기 때문'이다. 따라서 징표가 있든 없든 결국 '징표는 없다'는 결론에 이른다. 또한 징표가 실제로 무언가를 가리키는지 여부도 문제다. 만약 아무것도 가리키지 않는다면, 징표의 존재를 정당화할 근거가 부족하다. 만약 무언가를 가리킨다면, 징표가 존재한다는 주장을 인정해야 하지만, 앞서 살펴본 논증은 결국 '징표는 없다'는 결론을 도출한다. 이처럼 징표의 존재를 둘러싼 찬반양론 모두 타당한 논리를 지니고 있으므로, "징표가 있다고 할 수도, 없다고 할 수도 없다"는 태도를 유지하는 것이 합리적임을 알 수 있다.

연역법

연역법은 오랫동안 높은 평가를 받았지만, 피론주의자는 그 타당성에 의문을 제기한다. 연역법이 성립하지 않음을 보이는 방법은 많지만, 미증명 연역법만 논의하는 것으로 충분하다. 이 논법들이 무효화되면, 그 타당성을 증명하려 했던 다른 모든 논증도 무너지기 때문이다. 예를 들어, "모든 인간은 동물이다"라는 명제는 개별 사례들로부터 귀납적으로 확립된다. 즉 소크라테스가 인간이면서 동시에 동물이라는 사실, 플라톤·디온 등 다른 개별적인 사례도 그런 경우라는 관찰에서 출발해 "모든 인간은 동물이다"라는 보편 명제를 끌어내는 것이다. 그런데 만약 단 하나의 사례라도 보편 명제에 반하면 그 명제는 성립하지 않는다. 예컨대 대다수 동물은 아래턱을 움직이지만, 악어는 위턱을 움직이므로 "모든 동물은 아래턱을 움직인다"라는 명제는 참이 될 수 없다. 다음으로 "모든 인간은 동물이다. 소크라테스는 인간이다. 따라서 소크라테스는 동물이다"라는 주장으로 돌아가 보자. 이때 이들은 개별 사례들로 보편 명제를 귀납적으로 확립한 뒤, 다시 보편 명제로부터 개별 명제를 도출하는데, 이 과정에서 순환논증에 빠진다. 이는 "소크라테스는 인간이다. 어떤 인간도 네 발 달린 동물이 아니다. 따라서 소크라테스는 네 발 달린 동물이 아니다"라는 논증에도 동일하게 적용된다. "어떤 인간도 네 발 달린 동물이 아니다"라는 보편 명제를 귀납적으로 확립하고, 동시에 그 보편 명제로부터 개별 사례를 증명하려 하면서 순환논증에 갇히는 것이다.

귀납법과 정의

귀납적 추론에도 결함이 많다. 독단주의자들이 개별 사례에서 귀납해 보편 명제를 확립하려 할 때, 모든 개별 사례를 다루거나, 일부만 다루는 두 가지 선택지가 있다. 일부만 다루면, 빠진 사례 중에서 보편 명제에 반대되는 것이 발견될 수 있어 귀납은 견고하지 않다. 모든 사례를 다루려 하면 불가능하다. 사례가 무수히 많기 때문이다. 이처럼 어떤 방법을 써도 귀납은 신뢰할 만한 근거가 되지 못한다.

독단주의자들은 정의의 논리적 역할을 중요시하며 철학의 논리학 영역에 정의를 포함시킨다. 그들의 핵심 주장은 정의가 모든 경우에 사물의 인식과 가르침에 필수적이라는 것이다. 만약 이 중 하나라도 정의가 쓸모없다면 그들의 주장은 허사다.

먼저, 어떤 사람이 정의의 대상 자체를 모르면 정의할 수 없다. 하지만 이미 인식 중인 대상을 정의한다면, 정의는 단지 그 대상을 표현하는 것에 불과하다. 즉 정의가 사물을 이해하는 데 필수적이지 않다는 뜻이다. 또한 모든 것을 일일이 정의하려 들면 끝없는 정의의 꼬리물기에 빠져 결국 아무것도 정의할 수 없다. 반대로 정의 없이도 인식이 가능하다면, 정의가 인식에 꼭 필요하지는 않다.

마찬가지로 정의는 가르침에 필수적이지 않다. 처음 배우는 사람도 정의 없이 사물을 인식할 수 있고, 누군가를 가르칠 때도 정의 없이 할 수 있다. 독단주의자들은 정의의 적합성을 개별 사례로 판단한다. 예를 들어 '인간'을 '이성적이고 불멸인 동물'로 정의하면, 불멸인 인간이 없으므로 잘못된 정의다. 그런데 정의 평가에 필요한 사례가 무한히 많으면, 정의 평가 자체가 불가능하다. 그러니 정의가 설령 알려진 사례에 기초하더라도, 인식이나 가르침에 실질적인 도움이 안 된다.

많은 모호함에도 불구하고 정의의 유용성을 주장하는 모습은 우스꽝스러울 때가 있다. 예를 들어 누군가에게 '말에 탄 채 개를 끌고 가는 사람을 본 적이 있나요?'라고 물어야 할 상황에서 "울음소리

내는 필멸 동물 위에 탄 채 짖어 대는 네 발 달린 동물을 끌고 가는 지성과 지식을 갖춘 이성적 필멸의 동물을 봤나요?"라는 식으로 너무 복잡한 정의를 나열한다면, 상대방은 이해하기 어렵다. 이런 이유로 피론주의자는 정의가 쓸모없다고 결론짓는다. '어떤 표현 아래 열거된 대상이나 상태 개념으로 이끄는 말'이든, '본질을 나타내는 말'이든 마찬가지다. 독단주의자들이 정의의 본질을 두고 벌이는 논쟁은 결국 결론 없는 논란으로 귀결되기 쉽다.

전체와 부분

전체와 부분에 관해서는 자연학 영역에서 다시 다룰 예정이지만, 여기서는 '전체를 부분으로 나누기'라는 주제에 대해 일부 중요한 점을 짚어 보려 한다. 예를 들어 누군가 열 개의 사물을 하나, 둘, 셋, 넷……, 이렇게 나눌 수 있다고 말할 때, 실제로는 열 개 전체가 그렇게 쪼개지는 것이 아니다. 왜냐하면 첫 번째 '하나'를 떼어 내는 순간(가정하에) 원래의 '열 개'라는 전체는 사라지고 '아홉 개'라는 새로운 전체가 생기기 때문이다. 결국 이후 나누는 것은 원래 '열 개'가 아니라 매번 달라지는 '새로운 집합'을 나누는 것이다.

따라서 전체가 부분들로 나뉜다고 보기 어렵다. 만약 전체가 부분으로 나뉜다면, 그 부분들은 분할 이전부터 이미 전체 안에 포함되어 있어야 하지만 실제로는 그렇지 않기 때문이다. 다시 '열 개'의 예를 들면, 어떤 사람들은 '아홉 개'가 분명히 '열 개'의 한 부분이라고 말한다. 왜냐하면 '열 개'는 '한 개'와 '아홉 개'로 나뉜다고 보기 때문이다. 마찬가지로 여덟 개·일곱 개·여섯 개 등도 모두 '열 개'의 부분이라 한다. 그런데 이들을 모두 '열 개'의 부분으로 인정하면, 결국 '열 개'는 이들 모두를 합한 '쉰다섯 개'까지 포함하는 셈이 된다. 하지만 '열 개'가 '쉰다섯 개'를 포함한다는 것은 논리적으로 맞지 않는다. 따라서 '부분'이라 부르는 것들은 사실 '열 개'라는 전체 안에 포함되지 않는다. 결론적으로 '열 개'라는 전체는 부분들로 나뉠 수 없다.

  이 같은 논리적 어려움은 길이 같은 크기를 가진 사물에도 똑같이 적용된다. 예를 들어 '5미터 길이'를 나누는 경우에도 같은 문제가 발생한다. 따라서 전체를 부분으로 나눌 수 없다고 보는 것이 타당하다.

5

자연학에 대한 비판

자연학

이제 자연학 분야로 넘어가면서, 앞서와 같은 서술 방식을 따를 것이다. 즉 독단주의자가 주장하는 각 주제를 일일이 반박하기보다는, 그 외의 보다 일반적인 측면들을 중심으로 다룰 것이다.

사물의 작용 원인

사람들은 대부분 사물의 원리가 어떤 것은 질료적이고, 어떤 것은 작용적이라는 데 동의한다. 그중 작용적 원인이 질료적 원인보다 중요하다고 보므로, 먼저 작용적 원인부터 살펴보겠다.

신

많은 사람이 '신은 최고의 작용 원인이다'라고 주장하므로 먼저 신에 대해 살펴보자. 미리 밝혀 두자면, 피론주의자는 일상생활의 관습에 따라 신들이 존재한다고 믿으며, 신들을 경외하고 그들에게 예지력이 있다고 생각한다. 그러나 독단주의자들의 성급한 주장에는 몇 가지 반론을 제기한다.

사물에 대해 생각할 때 사람들은 본질적으로 그 실체에 대해서도 숙고하게 된다. 예를 들어 그것이 물질적인지 비물질적인지 그리고 그 형상에 대해서도 고민한다. 말의 형상을 모르면 말을 이해할 수 없기 때문이다. 그리고 대개 그 대상이 반드시 어디엔가 존재한다고 믿는다. 그런데 독단주의자들 사이에서도 신이 실체인지 비실체인지, 인간의 모습인지 아닌지, 우주 안에 있는지 밖에 있는지에 대해 의견이 나뉜다. 실체와 모습·위치에 대해 어느 하나도 합의된 것이 없는데 어떻게 신 개념을 형성할 수 있겠는가? 독단주의자들은 신의 본질에 대해 먼저 합의해야 비로소 건전한 신 개념을 만들 수 있다고 보지만 의견이 일치하지 않으니 피론주의자는 유일한 신 개념을 받아들일 수 없다.

일부 독단주의자는 '불멸의 복된 존재가 바로 신이다'라고 하지만, 이는 타당하지 않다. 예를 들어 디온이라는 사람에 대해 아무것도 모르면 그의 속성을 생각할 수 없듯이, 신의 실체를 모르면서 신의 속성을 개념화할 수 없다. 게다가 '복된 존재'가 무엇인지조차 독단주의자들 사이에 다양한 견해가 있어 신에 대한 개념화가 더욱 어려워진다.

설령 독단주의자들의 주장대로 신 개념이 형성되었다 하더라도, 신의 존재 여부에 대해서는 판단을 유보해야 한다. 신의 존재가 자명하지 않기 때문이다. 만약 신이 자명하다면, 독단주의자들 사이에서 신의 존재와 모습·위치에 대해 끝없는 논쟁이 없었을 것이다. 누군가 신 존재를 증명하려면, 자명하거나 자명하지 않은 근거를 내놓아야 한다. 자명한 근거를 들면 이미 명백하지 않음을 보였으므로 증명이 불가능하다. 자명하지 않은 근거는 무한후퇴에 빠지게 된다. 따라서 어떤 명제로도 신의 존재를 증명할 수 없다. 요컨대 신은 자명하지도, 증명할 수도 없으며 존재 여부를 알 수 없다는 결론에 이른다.

신의 존재를 주장하는 이들 사이에서도 의견이 분분하다. 신이 우주를 보살핀다고 하는가 하면, 그렇지 않다고도 한다. 보살핀다면 모든 존재를 대상으로 하는가 일부만 대상으로 하는가의 문제를 두고도 의견이 갈린다. 만약 신이 모든 존재를 보살핀다면 세상에 악이 없어야 하지만 현실은 그렇지 않다. 따라서 신이 모든 것을 돌본다고 할 수 없다. 만약 신이 누구는 보살피고, 누구는 보살피지 않는다면, 이는 신이 원하지만 능력이 없거나, 능력이 있으나 원하지 않거나, 둘 다 아닌 경우여야 한다. 만약 신이 원하고 능력도 있다면 모두 돌보았을 것이다. 그러나 세상에 악이 존재하므로 신이 모든 것을 돌본다는 주장은 타당하지 않다. 신이 원하지만 능력이 없다면 신은 약한 존재가 되고, 능력은 있지만 원하지 않는다면 악의적인 존재가 된다. 원하지도 않고 능력도 없다면 악하며 무력한 존재가 되므로 신이라는 개념과 충돌한다. 따라서 신은 우주를 돌보지 않는 것으로 보아야 하며, 신의 작용이나 산물도 없으므로 존재 여부를 알 수 없다.

이 모든 논리를 종합하면, 신의 존재를 강하게 주장하는 사람은 필연적으로 불경에 빠질 수밖에 없다. 신이 모든 것을 돌보면 악의 근원이 되고, 일부만 돌보거나 돌보지 않으면 악하거나 무력한 존재가 되기 때문이다. 결국 이는 모두 불경한 결론이다.

대상을 개념화했다고 실재가 되는 것은 아니다. 켄타우로스나 스킬라처럼 개념은 있으나 실재하지 않는 경우가 있다. 피론주의자는 조상의 관습과 법률에 따라 신들의 존재를 인정하고 경외하며, 그들의 예지력 또한 믿는다. 그러나 철학적 탐구에서는 성급하게 결론을 내거나 단정하지 않는다.

물체는 파악될 수 있는가?

어떤 사람들은 물체를 '작용하거나 작용을 받는 능력을 가진 것'이라고 정의한다. 그러나 피론주의자는 이미 원인과 결과 모두를 파악할 수 없음을 보였다. 원인을 알 수 없다면 그 결과인 작용을 받는 것도 알 수 없으므로, 물체 역시 파악될 수 없다.

또 다른 사람들은 물체를 '길이·폭·깊이의 세 방향으로 뻗어 있으며 단단한 것'이라 주장한다. 하지만 이 구성 요소들은 그 자체로 존재하지 않는다. 예를 들어 점은 '부분이 없는 것', 선은 '폭 없는 길이', 면은 '폭을 가진 길이'로 정의되는데, 이러한 추상적인 요소들이 실재하지 않는다면 이들의 결합으로 이루어진 물체 역시 존재한다고 보기 어렵다. 물체를 부분으로 나누려 해도, 부분은 원래 전체에 포함되어 있지 않으므로 무한히 나누어지거나 논리적 모순에 빠지게 된다.

만약 어떤 사람이 경계(경계면)가 물체라고 주장한다면, 이는 간단히 반박할 수 있다. 경계가 물체라면, 길이도 다시 세 차원으로 나누어져야 하므로 결국 물체는 무한히 나누어져 무한한 크기를 가져야 하는데, 이는 불합리하다. 따라서 길이·폭·깊이·단단함은 물체가 아니고, 선도, 면도 아니다. 그들이 물체가 아니고, 물체가 없다면, 부분도 없는 셈이므로 물체 전체가 존재하지 않는다.

또한 접촉에 관한 문제도 이 결론을 뒷받침한다. 두 물체가 접촉할 때 '경계의 표면'이 맞닿는다고 한다. 그러나 두 표면이 완전히 합쳐지면 '융합'이지 '접촉'이 아니며, 일부만 닿는다고 해도 그 표면은 깊이를 가지게 되어 단순한 면이 아니다. 이러한 논리는 물체 안에 선과 면이 존재하지 않음을 보여준다.

단단함도 파악되지 않는다. 단단함은 촉각으로

느낄 수 있지만, 촉각 자체가 파악되기 어렵다. 두 물체가 닿는다는 것은 전체가 전체에 닿거나 부분이 부분에 닿는 것을 의미하는데, 이 모두 합일이지 '접촉'이 아니라는 점에서 논리적 문제를 안고 있다. 따라서 촉각을 통해 단단함을 파악하는 것도 불가능하며, 물체 역시 파악 불가능하다. 물체라는 개념 자체도 존재 여부를 확정할 수 없다. 독단주의자는 물체가 감각이나 이성을 통해 파악된다고 주장한다. 감각은 수동적이며, 이성은 감각 대상을 바탕으로 사유 대상을 끌어낸다. 만약 물체가 감각 대상이라면 길이·폭·깊이·단단함·색 등 다양한 요소가 결합되어 경험되어야 한다. 그러나 이러한 요소들은 파악 불가능하다. 물체가 사유 대상이라면 감각 대상에서 출발해야 하는데, 감각 대상 자체가 불확실하다면 사유 대상도 파악할 수 없다. 결국 물체는 감각 대상도, 사유 대상도 아니다. 이러한 논증은 물체 존재와 그것을 파악하는 표상 사이의 모순을 보여 주며, 물체에 대해 판단을 유보하게 한다.

물체가 파악되지 않는다는 결론은 비물질적 존재에도 동일하게 적용된다. 비물질적 존재는 물질의 결핍으로 정의된다. 예를 들어 실명은 시력의 결핍이다. 어떤 상태가 파악되지 않는다면 그 결핍도 파악할 수 없다. 감각을 통해 비물질적인 것이 주어진다면, 동물과 인간·감각기관·상황에 따라 인식 차이가 생겨 파악이 어렵다. 이성을 통한다 해도 감각이 출발점이므로 사유 대상도 불확실하다.

어떤 이는 비물질적 존재를 논증으로 파악할 수 있다고 주장하지만, 논증 자체도 비물질적인 '말의 내용'이며, 이를 전제로 삼으므로 순환논증에 빠진다. 만약 다른 비물질적 존재로 증명하려 든다면 무한 후퇴에 빠지고, 물체로 증명한다면 물체 파악의 문제가 다시 제기된다. 따라서 비물질적 존재도 파악할 수 없다.

결론적으로 물체와 비물질적 존재 모두 확실히 알 수 없다. 원소와 원소에서 파생된 것들도 마찬가지다. 이로 인해 생성 원인과 질료적 원인에 대해서도 판단을 유보할 수밖에 없으며, '원인' 개념 자체에 관한 문제도 해결되지 않는다.

전체와 부분

전체와 부분도 중요한 논의의 대상이다. 겉으로 보면 전체는 여러 부분이 모여 이루어진 듯하고, 하나나 그 이상의 부분이 빠지면 전체가 아닌 상태가 되는 것처럼 보인다. 만약 전체가 존재한다면, 전체는 부분들과는 전혀 다른 무엇일 수도 있고, 부분들이 곧 전체일 수도 있다. 하지만 이 주장은 타당하지 않다. 부분들을 모두 떼어 내면 전체와 구별되는 다른 것이 남지 않기 때문이다. 반면 부분들 자체가 전체라면 '전체'라는 말은 이름에 불과하고, 실질적 존재가 아닌 공허한 호칭이 된다. 이는 지붕을 구성하는 여러 재료와 분리된 '지붕 자체'가 없는 것과 같다. 이런 이유로 전체는 독립적인 실체로 존재하지 않는다.

부분도 마찬가지로 존재하지 않는다. 부분이 있

다면 전체의 부분이거나, 서로의 부분이거나, 자기 자신의 부분이어야 한다. 그러나 전체는 부분들 외에 다른 것이 아니므로 '부분이 전체의 부분'이라는 주장은 모순이다. 또 어떤 부분이 자기 자신의 부분이라면 크기와 포함 관계에서 모순이 생긴다. 서로가 서로의 부분이라는 것도 이상하다. 예를 들어 손이 발 속에 있다고 할 수 없는 것과 같다.

결국 사람들이 '부분'이라 부르는 것들은 전체의 부분도, 자기 자신의 부분도, 서로의 부분도 아니다. 즉 다른 것의 부분이 아니라 '부분 자체'가 아니다. 전체와 부분은 상호 관련된 상대적 개념이기에, 한쪽이 무너지면 다른 쪽도 함께 무너진다.

생성과 소멸

생성과 소멸은 더하기와 빼기 그리고 자연적 변화를 통해 이루어진다. 이들이 없으면 어떤 것도 생성되거나 소멸할 수 없다. 예를 들어, 열(10)에서 하나의 단위가 빠지면 '열'이 사라지고 '아홉'이 생긴다. 반대로 하나가 더해지면 '아홉'은 없어지고 '열'이 생긴다. 청동이 녹슬 때 청동은 사라지고 녹슨 상태가 생기듯, 이런 변화가 없으면 생성과 소멸도 존재하지 않는다.

어떤 사람들은 '소크라테스가 생성되었다'는 말을 두 가지로 본다. '존재하지 않던 상태에서 생성되었다'거나, '이미 존재하는 상태에서 생성되었다'는 것이다. 만약 이미 존재할 때 생성되었다면 두 번 생성된 셈이고, 존재하지 않을 때 생성되었다면 존재와 비존재의 모순이 생긴다. 소크라테스의 죽음도 마찬가지다. 그는 살아 있을 때 죽었거나, 죽어 있을 때 죽은 셈이다. 이 모두 모순이므로 소크라테스는 죽지 않았다는 말이다. 이런 논리를 모든 생성과 소멸에 적용하면, 결국 생성과 소멸은 존재하지 않는다는 결론에 이른다.

다른 이들은 생성에 대해, '존재하는 것이 생성되거나 존재하지 않는 것이 생성되는 것'이라고 본다. 그러나 존재하지 않는 것은 생성될 수 없다. 존재하는 것이 생성된다면, 존재에서 생성되거나 무無에서 생성된 것이다. 무에서 생성되는 것은 불가능하므로, 존재에서 생성되면 생성된 것은 이미 존재하는 것과 달라야 하는데, 이는 무無가 된다는 모순이 따른다. 따라서 존재하는 것도 존재하지 않는 것도 생성되지 않으며, 결국 아무것도 생성되지 않는다.

이와 같은 이유로 소멸도 없다. 소멸하는 것은 존재하는 것 또는 존재하지 않는 것인데, 존재하지 않는 것은 소멸할 수 없다. 존재하는 것이 소멸할 때, 존재 상태를 유지하며 소멸하거나, 존재하지 않는 상태에서 소멸한다면 모순이 생긴다. 따라서 존재하는 것도 존재하지 않는 것도 소멸하지 않으며, 결국 아무것도 소멸하지 않는다.

이 논의는 독단주의자들의 자연학 이론이 사실과 맞지 않고 이해하기 어렵다는 점을 드러낸다.

장소
'장소'라는 개념은 두 가지 의미로 쓰인다. 하나는

느슨하게, '지금 내가 있는 곳은 이 도시다'와 같이 넓게 쓰이는 뜻이고, 다른 하나는 보다 엄밀하게 우리를 정확히 둘러싸고 담고 있는 '그 무엇'을 뜻한다. 여기서는 후자, 엄밀한 의미로서의 장소를 다룬다.

장소가 존재한다고 단언하는 사람도 있으며, 존재하지 않는다고 부정하거나 판단을 유보하는 이도 있다. 장소의 존재를 주장하는 이들은 다음과 같은 자명한 근거를 든다. 공간의 좌우·상하·앞뒤 등 장소의 부분들을 사람들은 경험하며, 자신이 이곳에 있다거나, 저곳에 있음을 안다. 스승이 말하던 곳에서 자신이 말하고 있음을 인식한다. 또한 가벼운 것과 무거운 것이 각기 다른 장소를 차지함을 안다. 또 고대 시인 헤시오도스는 '혼돈(카오스)이 가장 먼저 생겨났다'고 했는데, 이는 모든 장소의 총체인 공간 전체를 의미한다.

더 나아가 물체가 존재한다면 그것을 둘러싼 장소도 필연적으로 있어야 한다. 장소 없이는 물체도 존재할 수 없기 때문이다. 어떤 것이 '~에서 왔다'거나 '~에 의해 생겼다'고 말할 수 있다면, '~에 있다'는 것도 당연히 말할 수 있어야 한다. 따라서 장소는 분명히 존재해야 한다.

반면 장소의 존재를 부정하는 이들은 장소의 부분들 자체를 인정하지 않는다. 장소가 부분들로 구성된다고 가정하고 '부분들이 있으므로 장소가 있다'고 하는 것은 논지를 전제로 한 자기 순환적 주장이라는 것이다. '어떤 것이 어떤 장소에 있었다'는 말도 장소의 존재 증거가 될 수 없다. 장소의 존재가 증명되어야 하니, 장소가 있다고 전제하는 말은 주장의 반복일 뿐이다.

이들은 장소에 대한 논의가 물체의 존재를 전제로 한다는 점도 문제 삼는다. 물체에 대한 합의가 없는데, 물체를 담는 장소가 명확할 리 없다는 것이다. 게다가 헤시오도스 같은 시인의 말을 철학적 판단 근거로 삼기도 어렵다. 따라서 장소가 있다고 주장하는 근거는 설득력이 부족하다. 장소 부정론자들은 스토아학파와 소요학파 철학자들이 쓴 장소 부정 논증을 따른다.

스토아학파에 따르면 진공은 어떤 물체에 의해 점유될 수 있으나 아직 채워지지 않은 간격, 즉 실제로 비어 있는 간격이다. 장소는 물체가 차지한 간격이며, 물체와 크기가 같다. 공간은 '일부는 물체로 채워지고 나머지는 진공으로 이루어진 상태'다. 일부 사람들은 공간을 '큰 물체의 장소'로 보아 장소와 공간 차이는 크기뿐이라 한다. 피론주의자는 이에 대해 반론한다. 스토아학파의 주장대로 '장소는 물체가 점유한 간격'이라면, 그 '간격'이 정확히 무엇인가? 물체의 길이·폭·깊이 중 하나인지, 아니면 세 차원을 모두 포함하는지 모호하다. 한 차원만 포함한다면 장소의 크기는 물체와 달라 장소가 담는 것 안의 일부가 된다. 반대로 세 차원을 모두 포함한다면 장소 안에는 진공이나 다른 차원의 물체가 없고, 오직 장소를 차지하는 물체만 있어 물체와 장소가 동일해지는 모순이 생긴다. 그래서 장소는 고유한 차원이 없어 존재할 수 없다.

또 다른 논증도 있다. 장소 안에 있는 각각의 물체에는 오직 하나의 길이·폭·깊이만 있다. 그 차원이 물체의 것인지 장소의 것인지 혹은 둘 다인지 불명확하다. 만약 순전히 장소의 차원만이라면 물체는 차원이 없다는 말이 되고, 둘 다라면 진공이 물체에 끼어들어 이상한 상태가 되므로 이 역시 모순이다. 물체의 차원만이라면 장소는 고유 차원이 없어 존재하지 않는다. 따라서 모든 경우에 장소의 차원이 발견되지 않으므로 장소는 존재하지 않는다.

소요학파는 장소를 '둘러싸는 것의 경계', 즉 '경계 그 자체'라 정의한다. 예를 들어 지금 내 몸을 감싸는 공기 표면이 내 장소라는 뜻이다. 그러나 이런 정의는 장소가 '존재하면서 동시에 존재하지 않는' 모순을 낳는다. 특정 장소에 물체가 있으려면 장소가 먼저 있어야 하는데, 존재하지 않는 데는 아무것도 있을 수 없다. 따라서 장소는 물체보다 먼저 존재해야 한다. 반대로 장소가 물체의 형태에 따라 생긴 것이라면 장소가 물체보다 나중에 생겨 먼저 존재할 수 없다. 그러니 장소는 존재하는 동시에 존재하지 않는다는 모순에 빠진다. 결국 장소는 '둘러싸는 것의 경계'라 할 수 없다.

설령 장소가 존재한다손 치더라도 그것이 생성된 것인지 아닌지 문제가 있다. 소요학파는 장소가 물체 형태에 따라 생긴 것이므로 장소는 생성된 것이라 본다. 하지만 물체가 장소 안에 있을 때 생긴다면 이미 존재하므로 새로운 생성이 아니다. 물체가 없을 때 생성된다고 해도 말이 안 된다. 감싸는 대상이 없으니 생성 불가능하다. 다른 가능성을 찾을 수 없으니 장소는 생성될 수 없고, 존재하지 않는다.

간단히 말해, 장소가 존재한다면 물체이거나 비물체일 텐데, 둘 다 모순을 낳아 장소 개념 자체에 문제가 많다. 장소는 언제나 어떤 물체와 상대적 관계 속에서만 생각되므로, 물체 존재 자체가 논란이라 장소도 불확실하다. 결국 영원하거나 실체적인 장소는 없으며, 생성된다 해도 실재하지 않는다.

   하지만 피론주의자는 이러한 논증이 사람들이 일상생활에서 느끼는 '여기에 있다, 저기에 있다'는 자명한 경험을 완전히 무시할 수 없음을 인정한다. 그래서 피론주의자는 장소가 존재하거나 존재하지 않는다는 주장을 모두 받아들이지 않고 판단을 유보한다.

시간

시간이라는 개념을 생각할 때 사람들은 혼란을 느낀다. 눈에 보이지 않지만 모든 변화와 움직임을 설명하는 이 개념에 대해 철학자들은 오랫동안 다양한 정의를 내놓았다. 어떤 이는 시간을 우주 전체가 움직일 때 나타나는 차원이라 하고, 어떤 이는 시간이 '움직임' 그 자체라고 했다. 아리스토텔레스나 플라톤은 '운동 안에서 앞과 뒤가 만들어 내는 양'을 시간이라 정의했고, 스트라톤과 아리스토텔레스는 '운동과 정지의 척도'라 했으며, 에피쿠로스는 '낮과 밤·계절 변화·감정·이성·운동과 정지 등 사건들이 모여 시간을 이룬다'고 보았다. 시간의 본질에 대해서도 의견이 크게 갈린다. 아이네시데모스 추종자들은 시간을 실체, 즉 만질 수 있는 물체라고 주장한다. 반면 어떤 이는 시간이 완전히 비물질적인 것으로, 즉 어떤 현상이나 개념에 가깝다고 본다. 정의들이 충돌하며 어느 쪽이든 맞으면 다른 쪽은 틀릴 수밖에 없으나, 어느 쪽이 명백히 옳거나 모두 틀렸다고 단정할 근거는 없다. 그래서 피론주의자는 시간이 실제 존재하는지 확실히 말하지 못한다.

시간을 유한하게 보든 무한하게 보든 논리적 어려움이 있다. 만약 시간이 유한하여 시작과 끝이 있다면, 시작 전과 끝난 이후에는 '시간이 없는 때'가 있다. 그런데 '시간이 없는 때'에서 어떻게 시간이 시작하고 끝날 수 있는지는 설명하기 어렵다. 반대로 시간이 무한하다면, 시간은 이미 지나간 과거, 순간적으로 스치는 현재, 아직 오지 않은 미래로 나닌다. 과거는 이미 지났고 미래는 아직 오지 않아 현재만 존재한다는 의문이 생긴다. 그런데 현재는 매우 짧은 순간이라 변화가 일어나지 않을 수도 있어 실제로 존재하는지 확실치 않다. 만약 현재가 변화 중인 시간이라면, 곧 과거가 되고 미래로 대체된다. 감각 경험도 현재가 어디서 끝나고 바뀌는지 알기 어렵다. 결국 과거·현재·미래 모두 '실제 존재한다'고 하기 어렵다.

또 다른 논의는 시간의 본질이 나누어질 수 있는 길이인가, 아니면 나눌 수 없는 점(순간)인가에 집중한다. 만약 시간을 현재라는 부분으로 과거나 미래를 측정한다면, 그 둘은 동시에 존재해야 하는데, 이 또한 모순이다. 결국 시간은 측정도 분할도 구체적 실체도 모두 명확하지 않다. 시간에 시작과 끝이 있다면 시간도 '생성하고 소멸하는' 것이 되는데, 어떻게 그런 일이 가능한지 설명도 어렵다. 시간이 다른 시간 속에서 생성된다는 것은 논리적으로 모순이다. 따라서 피론주의는 시간이 존재한다는 데 동의하지 않는다.

일상에서는 시간이 분명 경험되지만, 깊게 따져 보면 시간의 본질에 대해 명쾌한 결론을 내리기 어렵다. 그래서 피론주의자는 시간에 대해 단정하지 않고 판단을 유보한다.

수

수에 대해서도 쉽게 결론을 내리기 어렵다. 어떤 사람들은 수가 실제로 독립적으로 존재한다고 믿는 반면, 수는 사물의 속성도 실체도 아니며, 인간이 사물을 편리하게 구분하고 셀 수 있도록 만들어 낸 개념에 불과하다고 보는 이도 있다. 예를 들어 아이가 돌멩이를 '하나, 둘, 셋' 하고 셀 때, 실제로 눈에 보이고 손에 잡히는 것은 돌멩이 자체일 뿐이다. 그렇다면 '셋'이라는 수는 어디에 존재하는가? 외부 세계 어딘가에 있을까, 아니면 사람들의 마음속 생각이나 관습일 뿐일까? 이 질문에 대해 고대부터 다양한 철학자들이 의견을 나누었다. 만약 수가 실제로 존재한다면, 그 총량은 무한해야 하는지, 유한해야 하는지 문제가 생긴다. 만약 무한하다면 끝없이 많은 수가 있다는 뜻인데, 그 무한함을 실제로 헤아리긴 어렵다. 반대로 수가 유한하다면 어느 순간 '마지막 수'가 있게 되는데, 그 마지막 수에 1을 더하면 새로운 수가 되므로 '마지막'이라는 개념 자체가 모순에 빠진다.

또 어떤 사람들은 수가 사물에 '붙어' 존재한다고 본다. 예를 들어 세 그루의 나무에는 '셋'이라는 수가, 다섯 손가락에는 '다섯'이라는 수가 붙어 있다고 생각한다. 하지만 나무 한 그루가 베이거나 손가락이 하나 없어지면, '셋'이나 '다섯'이라는 수는 어디로 사라지는가? 이렇게 변화하는 사물에 따라 수가 달라진다면, 수 자체의 독립적 실재성은 의심받을 수밖에 없다. 또한 수가 물체인지, 아니면 비물질적 존재인지에 대해서도 논쟁이 계속됐다. 만약 수가 물체도 비물질적 존재도 아니라면, 결국 수는 애초에 존재하지 않는 것일 수 있다. 이런 질문에 대해 어느 한쪽을 확정하는 논증도 마땅치 않다.

    결론적으로 수가 실제로 '존재'하는지, 아니면 단순히 이름 붙인 개념인지 확신할 수 없다. 어느 쪽을 택해도 논리적 모순이나 설명의 한계가 있으므로, 수에 대해 섣불리 결론 내리지 않고 판단을 유보하는 것이 타당하다.

6

윤리학에 대한 비판

윤리학

이제 남은 부분은 윤리학이다. 윤리학은 좋은 것과 나쁜 것 그리고 어느 쪽에도 속하지 않는 무관한 것들을 탐구한다. 여기서도 피론주의자는 '본질적으로 좋은 것'이나 '본질적으로 나쁜 것'이 과연 존재하는지, 아니면 그런 구분 자체가 인간이 만들어 낸 것인지 질문한다. 먼저 각각의 개념을 살펴보자.

본질적으로 좋거나 나쁘거나 중립적인 것이 존재하는가?

우선 불이나 눈 같은 자연적 사물은 누구에게나 동일하게 작용한다. 불은 모두에게 뜨겁고, 눈은 차갑게 느껴진다. 이런 것이야말로 '자연적으로 그러한 작용을 하는 것'이라 할 수 있다. 반면, 이른바 '좋다'고 불리는 것들은 사람마다 다르게 느낀다. 따라서 어떤 것이 본질적으로 좋거나 나쁘거나 중립적이라 단정하기 어렵다. 실제로 독단주의 철학자들도 좋은 것과 나쁜 것의 기준이 서로 일치하지 않는다. 어떤 이는 체력이나 건강을, 어떤 이는 감각적 쾌락과 식도락을, 또 다른 이는 명성·재물·도박·탐욕 심지어 더 타락한 것들을 좋다고 여긴다. 철학자들조차 의견이 엇갈린다. 소요학파는 선을 영혼에 속하는 덕, 육체에 속하는 건강, 외부에 속하는 친구나 재물로 나눴다. 스토아학파도 세 부류로 나누었으나 덕처럼 영혼에 좋은 것만 진정한 선으로 인정하고, 건강이나 재산은 중립, 혹은 선에서 제외

했다. 쾌락을 선으로 본 철학자도 있고, 악으로 본 철학자도 있었다. 심지어 한 철학자는 쾌락에 빠지느니 차라리 미치는 게 낫다고도 말했다.

이처럼 각 학파와 사람마다 '선'에 대한 기준이 다르므로, 본질적으로 선하거나 악하다고 단정하기 어렵다. 확정적 기준이나 증명도 없기에 논쟁만 남는다. 따라서 피론주의자는 결론을 자제하고 판단을 유보한다.

같은 이유에서, 본질적으로 악한 것도 단정하기 어렵다. 어떤 이에게 나쁘거나 해롭다고 여겨지는 것이 다른 이에게는 추구 대상일 수 있기 때문이다. 예를 들어 방탕이나 탐욕·절제 불능 같은 것을 피하는 사람이 있는 반면 적극 추구하는 사람도 있다.

이처럼 사람마다 좋은 것과 나쁜 것에 대한 판단이 제각각이므로, 본질적으로 무엇이 좋고 나쁜지에 대해서는 판단할 수 없다는 것이 피론주의자의 결론이다. 그럼으로써 독단주의자들처럼 서둘러 판단하지 않고 특별한 신조 없이 일상을 살아간다.

그래서 타인의 견해에 반발하지 않고, 불가피한 상황에도 온건히 반응한다. 감각을 느끼는 인간인 까닭에 자극에 반응하지만, 그 자극이 본질적으로 나쁘다고 생각하지 않아 절제된 반응을 보인다. 예를 들어 외과 수술 같은 고통을 견디는 환자가 많지만, 오히려 이를 끔찍하다고 생각한 옆에 있던 구경꾼이 기절하기도 한다. 마찬가지로 무엇이 본질적으로 좋거나 나쁘다고 믿는 사람은 실제 경험 이상으로 고통을 만들어 낸다. 피론주의자는 이러한 믿음에서 벗어나 불필요한 집착과 두려움에서 자유로워진다. 이것이 곧 평정에 이르는 길이다.

이른바 '삶의 기술'이란 무엇인가?
스토아학파는 영혼에 존재하는 선을, 덕, 즉 '기술'로 정의하지만, 피론주의자는 영혼의 존재와 속성이 모호하다고 본다. 플라톤의 복잡한 영혼 개념도 현실적 근거가 부족하며, 영혼의 중심인 '숨결'(pneuma)이 흐르는 유체와 같아 '기술'이라는 인지 작용의 덩어리를 이루기 어렵다고 지적한다. 결국, 선은 영혼 안에도, 외부에 실재하는 대상에도 없으므로 본질적으로 선한 것은 없다는 결론에 이른다. 독단주의자들 사이에서도 '선'에 대한 기준은 제각각이다. 어떤 이는 건강을, 어떤 이는 쾌락을, 또 다른 이는 재물을 선하다고 본다. 심지어 쾌락을 악으로 보는 철학자도 있다. 이처럼 사람마다 기준이 다르므로, 본질적으로 선하다고 단정할 근거가 부족하다.

본질적으로 악한 것도 없다. 어떤 사람에게 악한 것이 다른 사람에게는 선한 것으로 여겨질 수 있기 때문이다. 예를 들어 무절제·불의·탐욕을 피하는 사람이 있는가 하면 적극적으로 추구하는 사람도 있다. 만약 본질적으로 악하다면 모두에게 동일하게 해로워야 하지만, 실제는 그렇지 않으므로 본질적으로 악한 것은 없다고 본다.

'중립적'이라고 하는 것들도 본질적으로 중립은 아니라고 지적한다. 스토아학파는 중립적인 것들을 '선호되는 것'(건강·재산), '기피되는 것'(빈곤·질병) 그리고 '어느 쪽도 아닌 것'(손가락 굽히기 등)으로 나누었지만, 어떤 이들은 환경에 따라 중립적 대상이 때로 선호되고 때로 기피된다고 본다. 예컨대 폭군에게 시달리는 부자보다 평안한 가난한 자를 선호하는 경우가 많으므로, 그때 재산은 '기피되는 것'으로 간주된다. 따라서 본질적으로 '중립적인 것'은 없다는 결론에 이른다.

누군가는 용기는 본성상 선택할 만한 것이라 주장한다. 사자·황소·수탉 심지어 몇몇 사람도 본성적으로 대담하고 용감하다는 것이다. 하지만 야생의 겁 많은 사슴이나 토끼처럼, 겁도 본성상 선택할 만한 것이라 할 수 있다. 대부분의 사람은 조국을 위해 죽음을 무릅쓰지 않으니, 용기가 본성상 선하다는 주장도 옳지 않다.

에피쿠로스학파는 본능적으로 쾌락을 추구하고 고통을 피하는 동물 상태를 선으로 보았다. 그러나 반박도 가능하다. 쾌락이 불러오는 결과들, 예컨대 과음·과식·지나친 성욕은 빈곤과 병을 초래한다. 이는 쾌락이 본질적으로 선일 수 없음을 의미한다. 반면 고통에서 지혜를 얻거나 사랑과 건강을 얻는 경우도 있으므로 고통이 본질적으로 나쁘다고 볼 수 없다. 또한 수고하고 절제하며 지혜로운 삶을 사는 사람이 많다는 사실은 쾌락을 최고선으로 삼는 주장에 배치된다. 즉 '본질적으로 이렇다'는 주장은 다양한 견해와 행보 앞에서 힘을 잃는다.

여기에 더해, 수치와 몰염치, 금지와 비금지, 법과 관습, 신에 대한 공경, 장례 예식 같은 주제에 깔린 전제도 살펴볼 필요가 있다. 이 영역에서도 '옳고 그름'에 대한 견해차가 크다. 예컨대 그리스에서는 동성애를 수치스럽고 불법으로 여기지만, 게르만족에겐 단지 관습일 뿐이며, 옛 테베에서도 수치로 여기지 않았다. 크레타인 '메리오네스'라는 인물 이름도 그런 풍습을 나타낸다. 아킬레우스가 파트로클로스에게 보인 격정적 우정 역시 이런 맥락에서 해석된다. 클레안테스와 크리시포스 같은 스토아학파 철학자들도 남색 행위를 중립적인 것으로 분류했다.

그리스인이 보기에 문신은 수치이지만, 이집트인과 사르마티아인들은 자녀에게 문신을 한다. 그리스에서는 수치로 보는 남자의 귀걸이를 시리아 등 일부 문화권에서는 높은 신분의 표시로 여긴다. 콧구멍에 은이나 금 고리를 다는 풍습도 있는데, 그리스 문화에는 없는 관습이다. 페르시아인들은 화려한 꽃무늬 긴 옷을 매우 근사하다고 생각한다. 시칠리아의 참주 디오니시오스의 궁에서 플라톤과 아리스티포스에게 그런 옷을 제공했으나, 플라톤은 '나는 남자이니 여자 옷은 못 입는다'며 거절했고, 아리스티포스는 '바쿠스 축제에서도 현숙한 여인은 더럽혀지지 않는다'며 받아들였다. 현자들 사이에서도 무엇을 수치로 여기는지가 다르다.

그리스 사회는 어머니나 자매와의 결혼을 금지하지만, 페르시아인은 어머니와, 이집트인은 자매와 결혼한다. 그리스 신화에서는 제우스와 헤라가

오누이이자 부부다. 키티온 출신 제논은 아버지와 딸, 어머니와 아들이 관계를 맺어도 나쁘지 않다고 했고, 크리시포스도 부녀 사이에, 모자 사이에, 오누이 사이에 자녀를 낳아도 된다고 썼다. 플라톤은 부인을 공동으로 둘 것을 이야기했다. 제논은 자위 행위도 나쁘지 않다고 했고, 사회에서 혐오하는 행위를 선으로 여기는 이들도 있다.

대부분의 문화권은 인육 섭취를 금지하지만 일부 부족은 허용한다. 타이데우스가 적의 뇌를 먹었다는 이야기나, 스토아 학자 중에는 자기 살이나 남의 살을 먹는 것을 문제 삼지 않는 이들이 있다. 그리스인은 신의 제단을 인간의 피로 더럽히는 것을 금하지만, 라코니아인들은 오르토시아 아르테미스 제단 앞에서 스스로 채찍질해 피를 흘린다. 어떤 민족은 크로노스에게 사람을 희생 제물로 바치고, 스키타이인은 이방인을 아르테미스에 제물로 바친다. 그리스인은 사람을 죽이는 것이 성소를 더럽힌다고 생각하나 이들은 그렇지 않다. 간통을 법으로 금하지만, 어떤 지역에서는 남의 아내와 관계해도 문제 삼지 않는다. 일부 철학자도 이를 중립적인 행위로 보았다.

그리스 법은 자녀가 부모를 봉양하도록 명령하지만, 스키타이인들은 예순 넘은 부모를 죽인다. 이는 이상한 일이 아니다. 옛이야기에서 크로노스는 아버지 생식기를 잘랐고, 제우스는 크로노스를 타르타로스로 던졌으며, 아테나·헤라·포세이돈은 함께 아버지를 사슬로 묶으려 했다. 크로노스는 자식들을 없애려 했고, 솔론은 아테네인에게 자식의 생사를 스스로 결정할 수 있도록 하는 법을 만들었다. 반면 그리스 사회는 자식 살해를 금지한다. 로마 입법자들은 자녀를 부모의 종과 노예로 보며 부모가 자녀 재산을 관리하도록 했다. 다른 사회에서는 이런 법을 폭정이라 여겨 거부한다. 살인하면 처벌되지만, 경기장에서 검투사의 살해 행위는 명예롭게 여겨진다. 자유인을 폭행하는 것은 금지되나, 경기장에서는 운동선수가 자유인을 때려죽이면 도

리어 월계관을 받는다. 그리스 법은 일부일처제를 명하지만, 트라키아인과 게툴리아인(리비아의 부족)은 일부다처제를 허용한다. 그리스인은 해적질이 불법이고 올바르지 않다고 생각하지만 야만족은 해적을 훌륭히 여기며, 해적질로 죽은 자를 영예롭게 본다. 시인 네스토르는 텔레마코스 일행에게 "혹시 해적이냐?"고 물었는데, 해적이 나쁘면 그렇게 대접하지 않았을 것이다.

도둑질은 불법이고 불의지만 헤르메스를 도둑의 신이라 부르는 곳도 있다. 라코니아인은 도둑을 처벌할 때 '훔친 행위'가 아니라 '붙잡힌 사실'을 문제 삼았다. 많은 문화권에서 전쟁터에서 방패를 버린 자를 처벌하지만, 라코니아인은 아들에게 "방패를 들고 돌아오거나, 아니면 그 방패에 실려 돌아오라"고 말한다. 아르킬로코스는 도망친 자신을 자랑하며 "적군은 내가 남긴 방패를 자랑하겠지만 나는 죽음을 피했다"라고 노래했다. 아마존들은 자신들이 전쟁을 도맡고, 남자아이들을 절름발이로 만들어 사내답지 못하게 했는데, 일반적인 관습과는 반대다. 또한 여신들의 어머니 헤라는 여성스러운 남자에게 호의적이라고 한다. 만약 남자다움의 결여가 본질적으로 나쁘다면 여신이 그런 판단을 하지 않았을 것이다. 정의·부정·남자다움의 우월성에 대한 불일치를 일일이 열거하자면 끝이 없다.

신에 대한 제사와 숭배 방법도 문화마다 크게 다르다. 어떤 의식에서는 거룩한 것이, 다른 의식에서는 불경스러울 수 있다. 만약 '거룩함'과 '불경함'이 본질적으로 정해진 것이라면 모두가 같은 판단을 해야 한다. 예를 들어 아무도 세라피스 신에게 돼지를 바치지 않지만, 헤라클레스나 아스클레피오스에게는 돼지 제사가 길조다. 이시스 신에게 양을 바치는 것은 금지되지만, 헤라 여신 같은 다른 신에게는 양이 좋은 제물이 된다. 어떤 이들은 크로노스에게 인신 공양을 하지만 대다수 사람은 악하다고 본다. 알렉산드리아에는 고양이와 쇠똥구리를 각각 호루스와 테티스에게 바치는 풍습도 있는데, 그리스인으로서는 상상하기 어려운 일이다. 포세이돈에게 말은 길조지만, 디디마(현재 튀르키예의 디딤)의 아폴론에겐 혐오 대상이며, 아르테미스에게는 염소를 제물로 바치지만 아스클레피오스에게는 그렇지 않다. 거룩함과 불경함을 규정하는 사례는 다양해, 이것이 관습과 문화 차이임을 보여 준다.

 음식 규제와 종교적 금기에도 큰 차이가 있다. 유대인과 이집트 제사장들은 돼지고기를 먹느니 죽음을 택하며, 리비아인은 양고기 섭취를 금지한다. 시리아인 중에는 비둘기를, 다른 곳에서는 제물의 고기를 먹지 않는다. 어떤 의식은 생선 섭취를 허용하지만, 어떤 의식에서는 불경하다고 여긴다. 이집트 현자들은 동물의 머리·어깨·발 등을 따로 떼어 먹는 것을 불경하게 생각한다. 펠루시온에서는 제우스 카시우스에게 양파를 바치지 않고, 리비아의 아프로디테 제사장은 마늘을 먹지 않는다. 박하·개오동·파슬리를 피하는 의식도 각양각색이다. 어떤 이는 콩을 먹느니 아버지 머리를 먹겠다고 한다. 대부분 개고기 섭취를 불경하게 여기지만, 트라키아 일부에서는 그렇지 않다. 고대 그리스에도 이런 풍습이 있었을지 모른다. 종교 관습과 금기가 본질적으로 타당했다면 모두가 똑같이 인정했을 것이나, 현실은 다양함을 보여 준다.

 장례 예식도 문화마다 다르다. 어떤 민족은 시신을 꽁꽁 싸서 땅에 묻고 햇빛에 드러내는 것을 불경하게 여겼다. 이집트인들은 시신의 내장을 제거하고 미라로 만들어 집안에 모신다. 에티오피아의 어부들은 시신을 호수에 던져 물고기의 먹이로 삼고, 히르카니아인과 일부 인도인은 개나 독수리에게 시신을 내준다. 아프리카의 동굴에 사는 부족은 언덕에서 시신에 돌을 던져 덮는 의식을 한다. 몇몇 야만족은 예순 넘은 자의 시신은 희생 제물로 바치고, 젊은이의 시신은 땅에 묻는다. 어떤 민족은 화장하고, 어떤 민족은 뼛가루만 수습하며, 어떤 민족은 시신을 그대로 둔다. 페르시아인들은 시신을 꿰뚫고 질산으로 방부 처리한 뒤 천으로 감싼다. 이처럼 장례법도 매우 다양하다.

죽음에 대한 태도도 매우 다양하다. 어떤 이들은 죽음을 두려워하고 피하지만, 그렇지 않은 이들도 있다. 에우리피데스는 "살아 있는 것이 진정한 죽음이며, 죽은 상태가 살아 있는 상태인지 누가 알겠는가?"라고 말했다. 에피쿠로스는 "죽음은 우리와 무관하다. 흩어진 것은 감각이 없고, 감각 없는 것은 우리에게 아무것도 아니다"라고 주장했다. 만약 인간이라는 존재가 영혼과 몸으로 이루어져 있고, 죽음으로 이 둘이 해체된다면, 인간이 존재할 때는 죽음이 없고, 죽음이 있을 때는 인간이 존재하지 않는다. 헤라클레이토스는 삶과 죽음을 서로 얽힌 상태로 보았다. 인간이 살아 있을 때 영혼은 우리 안에 묻혀 죽어 있다가, 죽을 때 비로소 되살아난다는 것이다. 어떤 이들은 죽음이 삶보다 더 나을 수 있다고 여겼다. 에우리피데스는 '갓난아기가 겪을 고통을 생각하면 장송가를 부르고, 죽음으로써 악에서 벗어난 자에게는 승전가를 부른다'고 했으며, 테

오그니스는 '인간에게 가장 좋은 것은 태어나지 않는 것이며, 태어났다면 가능한 빨리 죽는 것'이라 노래했다. 이로써 죽음은 본질적으로 나쁘고 삶은 좋다고 단정할 근거가 없음을 알 수 있다.

이 밖에 문화마다 다양한 관습에도 같은 이치가 적용된다. 알려지지 않은 민족들 사이에도 차이가 존재할 수 있다. 예를 들어 이집트인들이 자매와 결혼한다는 사실을 몰랐다고 해서 '자매 결혼은 보편적 금지'라 단정할 수 없다.

그래서 피론주의자는 많은 불일치를 보고 본질적인 좋고 나쁨, 해야 할 일과 금할 일을 단언하지 않는다. 독단적 확신을 피하며, 신조 없이 일상을 살아간다. 이를 통해 심리적 치우침을 막고, 강제된 감정 고통을 절제한다. 신조가 실제 경험보다 해롭기 때문이다. 앞에서 언급했듯 수술을 받는 사람은 견디는데, 곁에서 지켜보는 이가 '끔찍하게 나쁜 일'이라는 선입견 때문에 기절하는 경우가 그렇다. '무엇이 본질적으로 좋거나 나쁘다' 또는 '반드시 해야 할 것과 해서는 안 될 것'이라는 확신은 사람을 괴롭힌다. 본질적으로 나쁘다고 여기는 일을 당하면 마치 분노의 여신들로부터 쫓기듯 고통받고, 본질적으로 좋다고 여기는 것을 얻으면 잃을까 봐 심한 불안을 느낀다. 요컨대, 악을 낳는 것은 악이므로 피해야 하며, 또 본질적으로 좋은 것과 나쁜 것에 대한 확신 때문에 마음이 동요한다면, 그러한 확신 자체는 해롭고 피해야 한다고 할 수 있다.

삶의 기술은 살아가는 데 유익한가
삶의 기술을 갖추고 있으면 살아가는 데 유익한지에 대해 여러 논증을 들어 살펴보자. 우선, 삶의 기술은 선을 향한 욕구를 통제하고 악에 대한 충동을 억누르는 자기 절제 능력을 준다고 생각할 수 있다. 현명한 사람은 악한 충동이 없거나, 있더라도 이성으로 극복하고 자제할 수 있다고 여겨진다. 그러나 자기 절제는 통제할 대상이 있을 때만 가능하다. 나쁜 결정을 내리는 순간, 통제할 대상이 없어 자기 절제가 불가능하다. 예를 들어, 거세한 사람은 성욕을, 위가 좋지 않은 사람은 식도락을 통제하지 못한다. 마찬가지로, 욕구가 전혀 없으면 현명한 사람도 자기 절제가 어렵다. 만약 누군가가 현명한 사람이 나쁜 결정을 내리고 이를 이성으로 극복할 때 스스로 절제한다고 주장한다면, 두 가지 문제가 있다. 첫째, 마음이 흔들리고 도움이 필요한 순간에는 신중함이 소용없다는 것을 인정하는 셈이며, 둘째, 그런 사람은 '악하다'고 불리는 사람보다 더 불행할 수 있다. 악한 사람은 욕구가 충족되면 마음이 편안해지지만, 현명한 사람은 이성적으로 욕구를 억누르면서도 내면에 악을 품어 더 큰 고통을 겪기 때문이다.

따라서 현명한 사람이 신중함과 절제 능력을 갖추고 있어도, 그는 가장 불행한 사람이 되고, 삶의 기술은 그에게 오히려 동요만 일으킨다. 자신에게 삶의 기술이 있고 선악을 안다고 믿는 사람은 좋은 일이나 나쁜 일에 크게 흔들린다. 이로써 선과 악,

중립적인 것들에 대해 치우친 견해가 없거나, 아예 삶의 기술 자체가 없으며, 설령 있어도 그것이 사람에게 불안을 키운다면, 독단주의자들이 '윤리학'이라 부르는 학문은 실상 허세에 불과하다는 결론에 이른다.

왜 피론주의자는 때때로 설득력이 약한 논증을 일부러 제시하는가

피론주의자는 인간을 사랑하는 마음에서 독단주의자들의 자만심과 성급함을 논증으로 바로잡으려 한다. 이 점에서 의사와 비슷하다. 의사가 환자의 증상 정도에 따라 강한 약이나 부드러운 약을 처방하는 것처럼, 피론주의자도 논증의 강도를 달리 사용한다. 성급한 태도가 심한 독단주의자에게는 강력한 논증으로 자만심을 단호히 무너뜨리고, 그런 태도가 가벼운 사람에게는 부드러운 논증으로 쉽게 설득하려 한다. 그래서 피론주의자는 때로는 강력한 논증을, 때로는 설득력이 약해 보이는 논증을 제시한다. 약한 논증만으로도 목적을 달성할 때가 많기 때문이다.

피론주의자에 대한 오해와 반박
일부 비판가들은 피론주의자가 아무것도 추구하거나 회피하지 않으므로 삶을 포기한 것과 다름없다고 주장한다. 하지만 이는 사실과 다르다. 피론주의자는 철학적 이론에 근거해 행동하지는 않지만, 일상의 관습과 자연스러운 충동에 따라 살아간다. 예를 들어, '무엇이 본질적으로 좋고 나쁜지 모른다'고 생각하더라도, 배가 고프면 음식을 먹고 위험을 느끼면 몸을 피한다. 이는 철학적 판단이 아니라 인간으로서의 자연스러운 성향과 사회적으로 터득한 습관에 의한 것이다.

폭군의 강요와 같은 극한 상황에서 피론주의자는 자기모순에 빠진다는 주장도 있다. 명령을 거부하거나 따르는 모든 선택이 결국 '추구와 회피'로 보이기 때문이다. 그러나 피론주의자는 어떤 행위가 '본질적으로 옳다, 또는 그르다'라는 확신 없이 행동한다. 피론주의자는 사회와 관습이 가르친 기준이나 인간 본능에 따라 상황에 맞는 가장 자연스러운 선택을 할 뿐이다. 죽음을 선택할 수도 있고, 고문을 피하고자 복종할 수도 있다. 이러한 행동은 '선택에 대한 확신'이 아니라 '상황에 대한 자연스러운 반응'의 결과다. 아이러니하게도, 이런 태도 덕분에 피론주의자는 독단주의자보다 쉽게 평정에 이른다. 독단주의자는 자신의 신조가 흔들릴까 두려워하고, '이것은 분명히 좋고 저것은 나쁘다'라고 믿기 때문에 심한 갈등과 불안을 겪는다. 하지만 피론주의자는 그런 확신에 사로잡히지 않아, 보다 가볍고 유연하게 현실을 견딜 수 있다.

삶의 진리는 단언하지 않는 편이 좋다
: 고대 회의주의 철학자들의 판단 유보의 지혜

2025년 11월 4일 초판 1쇄 발행

지은이
섹스투스 엠피리쿠스

엮고 옮긴이
서미석

펴낸이	**펴낸곳**	**등록**	
조성웅	도서출판 유유	제406-2010-000032호(2010년 4월 2일)	

주소
경기도 파주시 돌곶이길 180-38, 2층 (우편번호 10881)

전화	**팩스**	**홈페이지**	**전자우편**
031-946-6869	0303-3444-4645	uupress.co.kr	uupress@gmail.com

	페이스북	**트위터**	**인스타그램**
	facebook.com/uupress	twitter.com/uu_press	instagram.com/uupress

편집	**디자인**	**조판**	**마케팅**
사공영, 백도라지	이기준	정은정	전민영

제작	**인쇄**	**제책**	**물류**
제이오	(주)민언프린텍	라정문화사	책과일터

ISBN 979-11-6770-139-8 00160